Cord Friebe | Geld

Cord Friebe

Geld

Eine philosophische Orientierung

Reclam

Inhalt

Einleitung

Dieses Buch will philosophisches Grundwissen über Geld vermitteln. Die zentrale Frage lautet hier, ob Geld einen eigenen (intrinsischen) Wert hat oder aber den ökonomischen Wert realer Güter und Dienstleistungen bloß widerspiegelt. Von der Beantwortung dieser Frage hängt beispielsweise ab, ob ein prämonetärer Warentausch – eine geldlose Marktwirtschaft – überhaupt denkbar ist. Ebenso, ob eine zinsfreie Geldwirtschaft theoretisch möglich oder nicht vielmehr ein »hölzernes Eisen«, ein Widerspruch in sich, ist. Das Buch ist also ein Beitrag zur *theoretischen* Philosophie des Geldes. Es ist aber durchaus dadurch motiviert, praktischen – moralischen wie politischen – Diskussionen eine theoretische Grundlage zu geben. Dabei geht es um grundlegende Fragen. Ist es schlecht, wenn sich der Finanzmarkt von der Realwirtschaft abkoppelt? Wäre eine zinsfreie und/oder geldlose Wirtschaft wünschenswert? Aber auch: Wie sieht erfolgreiche Entwicklungshilfe aus? All dies hängt davon ab, was das theoretisch eigentlich ist: das Geld. Ob Geld glücklich macht und ähnliche Fragen sind dagegen nicht Thema dieses Buches.

Wie könnte ein philosophischer Ansatz aussehen? Die theoretische Philosophie beschäftigt sich zu einem guten Teil mit grundlegenden Begriffen der Einzelwissenschaften: »Zeit«, »Bewusstsein« oder »Lebewesen« werden nicht nur in der Physik, Kognitionswissenschaft oder Biologie behandelt, sondern sind auch von philosophischem Interesse. Ebenso verhält es sich mit »Geld« und damit verknüpften Begriffen wie »Zins« und »Ware«. Charakteristisch für solche Grundbegriffe[1] ist es, dass sie in den Einzelwissenschaften häufig nur instrumentell gebraucht werden, nicht wirklich geklärt und zuweilen in ihrer Funktion widersprüchlich bestimmt sind. Insbesondere ist dies beim Geld der Fall. Jedes Lehrbuch der Volkswirtschaftslehre bestimmt drei Funktionen, die das Geld erfüllen soll: Geld sei *Tauschmittel, Wertmaß* und *Wertaufbewahrungsmittel.* Als Tauschmittel – und wohl auch als Wertmaß – braucht Geld aber keineswegs selbst wertvoll zu sein. Man könnte sogar argumentieren, dass es in diesen Rollen (intrinsisch) wertlos sein muss. Als Wertaufbewahrungsmittel dagegen sollte Geld selbst einen Wert haben.

Auf dieser Basis haben sich historisch zwei gegensätzliche Typen von Geldauffassungen gebildet: die *nominalistische* und die *metallistische* Auffassung. Nach Meinung der Nominalisten ist Geld bloß ein Zeichen, ein Stellvertreter für den Wert von Produkten (und Dienstleistungen), und hat für sich betrachtet keinen Wert. Nach Ansicht der Metallisten muss Geld dagegen stets einen wertvollen, substanziellen Träger haben, wie etwa Silber oder Gold. Dann ist es besonders geeignet, als Wertaufbewahrungsmittel zu dienen. Es sind einander widersprechende Bestimmungen wie diese, die innerhalb der Volkswirtschaft selbst unterschiedliche Geldtheorien entstehen haben lassen. Dies macht den Begriff des Geldes für die theoretische Philosophie besonders interessant.

Bis heute einschlägig ist die Auffassung des britischen Philosophen David Hume (1711–1776):

»Geld ist keine Handelsware, sondern nur das Instrument, auf das Menschen sich geeinigt haben, um den Tausch von Waren zu erleichtern. Es ist nicht eines der Räder des Handels, es ist das Öl, das die Räder leicht und glatt laufen lässt. Betrachten wir jedes Königreich für sich, so ist die größere oder geringere Geldmenge offenbar belanglos, da die Preise der Waren sich immer nach der Geldmenge richten.«[2]

Geld ist demnach keine Ware, die getauscht würde, sondern lediglich ein Mittel, das verwendet wird, um den Tausch von Waren zu erleichtern. Es könnte genauso gut auch fehlen, würde doch dann der Handel nicht unmöglich, sondern nur schwerer sein. Eine Änderung der Geldmenge würde lediglich das Preisniveau, nicht aber die Warenproduktion beeinflussen. Geldmengenvariationen wären daher konjunkturirrelevant, Geld wäre wirtschaftlich neutral, im Grunde überflüssig. Zieht man den »Geldschleier« weg, würde offenbar, was Wirtschaft im Wesentlichen ist: ein nichtmonetärer Warentausch.

Doch, so könnte man denken, wenn ein Zentralbanker wie einst Alan Greenspan wieder einmal »am Geldhahn dreht«, zielt er doch nicht nur auf eine Veränderung des Preisniveaus, sondern er verspricht sich insbesondere eine Drosselung bzw. Ankurbelung der Warenproduktion. Dann aber meint man anscheinend sehr wohl, dass Geld innerhalb der Reihe konkreter Werte steht, dass Geld selbst eine Ware ist (wie bei Karl Marx) oder zumindest genuin nachgefragt werden kann (wie bei John Maynard Keynes). Es ist dann nämlich keineswegs so, dass Geld das Ergebnis eines *bereits abgeschlossenen* Wertbildungsprozesses lediglich reflektiert, sondern so, dass es selbst *ein Teil* dieses Prozesses ist, also eine reale ökonomische Bedeutung hat. Dies lässt philosophisch inspirierte Autoren wie Georg Simmel oder Joseph Schumpeter über eine »Doppelrolle des Geldes« spekulieren: Geld steht sowohl außerhalb wie innerhalb der Warenkette – offenkundig ein Widerspruch, den aufzulösen das Hauptziel einer Philosophie des Geldes sein sollte.

Die verschiedenen Zielgruppen dieses Buches bringen sehr unterschiedliche Voraussetzungen mit. Es erscheint daher hilfreich, ein paar wissenschaftstheoretische Grundlagen vorauszuschicken und auf ihrer Basis die Struktur des Buches vorab zu erläutern.

Zunächst sei eine wichtige begriffliche Unterscheidung angesprochen, und zwar die zwischen *deskriptiv* und *normativ*. Deskriptiv geht man dann vor, wenn man lediglich präzise zu beschreiben versucht, wie die Welt bzw. bestimmte Aspekte der Welt tatsächlich beschaffen sind. Normativ dagegen verhält man sich dann, wenn man sagt, wie sie idealerweise beschaffen sein sollen. Man sollte nun erwarten, dass Wissenschaften (idealerweise) rein deskriptiv sind; sie sollten möglichst gute und angemessene Beschreibungen von Tatsachen liefern. Es wäre doch irritierend, wenn etwa die Physik den Planeten ihre Bahnen vorschriebe, statt sie nur möglichst genau zu bestimmen. Bei sämtlichen Geldtheorien aber, die hier zur Sprache kommen werden, ist dies durchaus anders: Sie enthalten alle mehr oder weniger starke normative Elemente – unvermeidlicherweise, wie ich denke.

Denn bei den Wirtschaftswissenschaften und insbesondere in der Geldtheorie geht es immer auch um das Verhalten der Akteure, das *irrational* sein kann. Es kann dann sinnvoll sein, dieser Irrationalität nicht etwa durch eine angemessene Beschreibung gerecht werden zu wollen, sondern sie an der Theorie zu messen und also den Akteuren gewissermaßen vorschreiben zu wollen, wie sie sich stattdessen verhalten sollten. Ein einleuchtendes Beispiel hierfür ist Onkel Dagobert: Er schwimmt im wörtlichen Sinne im Geld. Gemeinsame Auffassung aller Geldtheorien aber ist, dass die physischen Eigenschaften des Geldträgers im Grunde irrelevant sind bzw. dass Geld keinen (außerökonomischen) Gebrauchswert hat. Also selbst dann, wenn alle

Einkommensmillionäre sich wie Dagobert verhielten, würde man nicht erwarten, dass die Wirtschaftstheorie dieser Tatsache gerecht werden müsste. Sie könnte sehr wohl bei ihrer Lehre bleiben, dass Geld allenfalls einen (ökonomischen) Tauschwert hat. Solche Akteure verhielten sich also irrational, nämlich nicht der Theorie oder dem Wesen des Geldes gemäß.

Ein bereits weniger eindeutiges Beispiel ist die ängstliche Oma, die ihr Geldvermögen im Sparstrumpf versteckt. Sie verhält sich – im Gegensatz zu Onkel Dagobert – rein ökonomisch, zumindest in dem Sinne, dass es ihr ja nicht darum geht, das Geld physisch zu nutzen. Was sie jedoch tut, ist, Geld zu *horten*, was viele Wirtschaftswissenschaftler streng vom Geld*sparen* unterscheiden. Wer spart, unterhält ein Konto bei der Bank. Das stellt im Grunde ein Investment dar, denn solches Geld »arbeitet« und wirft Zinsen ab. Omas Geldhortung wird entsprechend von den meisten Geldtheorien als ebenso irrational angesehen wie Dagoberts Schwimmtraining. Ökonomisch rational ist das Horten eigentlich nur dann, wenn man erwartet, dass etwa der Wert des Euro unter den Materialwert fällt, aus dem seine Scheine und Münzen bestehen. Inzwischen könnte unsere Oma allerdings X-Scheine horten – also in Deutschland gedruckte Banknoten, deren Seriennummer mit einem »X« beginnt – in der rationalen Erwartung eines erzwungenen Ausstiegs aus dem Euro, bei dem X-Scheine in neue DM, Y-Scheine aber in neue Drachmen getauscht werden usw.[3]

Von entscheidender Bedeutung ist das Ineinandergreifen von deskriptiven und normativen Elementen dann, wenn es um das – womöglich: irrationale – Verhalten der Zentralbanken (Notenbanken) geht. Man sollte denken, dass es vielmehr ein Lackmustest jeder Geldtheorie ist, das Verhalten derjenigen Institution richtig zu beschreiben, die das Geld erzeugt (und vernichtet). Nun kommt es aber eben vor, dass Zentralbanken versuchen, durch eine Geldmengenerhöhung die Konjunktur anzukurbeln. Ist dadurch aber schon die Auffassung widerlegt, dass Geld keinen intrinsischen (ökonomischen) Wert habe, sondern wirtschaftlich neutral sei, und die Höhe der Geldmenge also konjunkturell irrelevant? Oder muss in solchen Fällen nicht vielmehr die entsprechende Zentralbank an die »eigentliche« Rolle des Geldes erinnert und für ihr Verhalten kritisiert werden?

Im 3. Kapitel werden wir eine recht neue Theorie kennenlernen, die vielleicht gerade angesichts der gegenwärtigen Finanz- und Schuldenkrise immer mehr an Bedeutung gewinnt. Ihr zufolge beruht Geld auf Kredit und damit wesentlich auf »guten Sicherheiten«. Was aber ist, wenn Zentralbanken bei einer Bankenkrise die Geschäftsbanken mit Liquidität versorgen, *ohne* auf solche Sicherheiten zu achten? Ist dann das von ihnen gedruckte Zahlungsmittel nicht im vollen Sinne Geld, weil dies der Theorie widersprechen würde, oder ist umgekehrt jene Theorie widerlegt, die bestreitet, dass Geld einfach aus dem Nichts entsteht? Können Zentralbanken in ihrer *eigenen* Währung zahlungsunfähig werden – und wie stellt man das eigentlich fest?

Es soll hier nur angedeutet sein: Spätestens hier greifen deskriptive und normative Elemente ineinander, und es ist gar nicht so einfach, Kriterien festzulegen, an denen Geldtheorien gegebenenfalls scheitern.

Jedenfalls ist darauf hinzuweisen, dass die selbst für die Physik behauptete *Theorienabhängigkeit der Beobachtung* bei Wirtschaftstheorien ein besonderes Gewicht bekommt. Diese aus der allgemeinen Wissenschaftstheorie bekannte Lehre besagt in Kürze, dass es »nackte« Beobachtungen eigentlich nicht gibt, sodass es naiv ist zu glauben, eine gegebene Theorie oder Hypothese könnte einfach daran scheitern, dass man nur genau hinschaut. Empirische Daten, so die Einsicht, sind interpretationsbedürftig, daher so theoriebeladen, dass sie selbst bloß hypothetischen (falsifizierbaren) Charakter haben.[4] Auf unser Beispiel bezogen würde dies etwa bedeuten: Der grundlegende Dissens besteht darin, wie das Verhältnis zwischen *Tausch* und *Geld* bestimmt wird. Ist der Tausch von Waren das Primäre und Geld bloß ein unwesentliches Tauschmittel, oder ist der Tausch schuldengetrieben, sodass es wohl ohne Geld gar nicht zum Tausch käme? Ein einfacher Blick in die Welt(-geschichte) kann diese Frage nicht entscheiden: Nicht jedes Geben und Nehmen ist wirklich ein Tausch im wirtschaftlich relevanten Sinne. Worauf es vielmehr ankommt, ist, dass die Tauschenden ihre Produkte auf einen Markt werfen, auf dem sich *objektive* Tauschwerte ergeben.

Und ebenso könnte man argumentieren, dass nicht jeder vorgebliche Geldgebrauch auch wirklich einer ist. Nach Marx etwa ist Geld eine Ware, die es nur im Kapitalismus, in der »warenproduzierenden Gesellschaftsform« gibt; vor- oder postkapitalistischer Geldgebrauch ist demnach etwas ganz anderes. Gunnar Heinsohn und Otto Steiger zufolge kommt Geld nur in *Eigentumsgesellschaften* vor: in der antiken Polis, in Romulus' *Roma quadrata*, im neuzeitlichen England und in der heutigen Welt; nicht aber in der mykenischen Feudalgesellschaft, im Mittelalter oder in den realsozialistischen Planwirtschaften. Dort gibt es zwar etwas, was wie Geld aussehe; tatsächlich aber handle es sich um so etwas wie generalisierte Lebensmittelkarten, nicht um konvertierbare Währungen. Aktuelle wie historische empirische Beispiele, die zur Stütze der jeweiligen Theorie angeführt werden, sind also mit Vorsicht zu genießen; sie sind häufig im Sinne der vertretenen Theorie interpretiert.

Dies provoziert natürlich den Vorwurf der Immunisierungsstrategie, mit der sich die Vertreter von Theorien gegen ihre Widerlegung schützen. Man kann gar den Verdacht hegen, bei »Tausch« und »Geld« finde ein typisch philosophischer Streit um Worte statt, da es anscheinend nur darauf ankommt, wie man das denn *nennt*, was man beobachtet.

Ich meine aber, dass der ökonomische Grundlagenstreit in der Tat ein gehaltvoller Streit um die Sache ist. Er lässt sich aber allenfalls *langfristig* entscheiden, und zwar letztlich am langfristigen Erfolg bzw. Misserfolg der aus den jeweiligen Theorien folgenden wirtschaftspolitischen Maßnahmen. Nicht nur aus aktuellem (praktischem) Anlass, sondern auch zum (theoretischen) Zwecke des Theorientests soll daher die *Krise* im Zentrum stehen. Es soll deutlich werden, wie auf der Basis der jeweiligen Geld-Auffassung das Entstehen von Wirtschaftskrisen erklärt wird und welche Maßnahmen zu ihrer Überwindung daraus folgen.

Dieses Buch ist wie folgt aufgebaut: Man kann sagen, dass die Ökonomie des 20. Jahrhunderts durch die Konkurrenz zweier Paradigmen gekennzeichnet war: Neoklassik versus Keynesianismus. Die auf John Maynard Keynes (1883–1946) zurückgehende, insbesondere in den 1970er-Jahren sehr populäre Wirtschaftstheorie und -politik beruht im Wesentlichen darauf, wirtschaftliche Ungleichgewichte (Boom und Krise) durch die Variation von Geldmenge und Zinssätzen zu verhindern bzw. zu überwinden. Es hat sich aber mehrfach und langfristig gezeigt (zum Beispiel in Japan 1989 ff.), dass etwa Zinssenkungen alleine keinen nachhaltigen Aufschwung (mehr) bewirken. Der Keynesianismus gilt also allgemein als gescheitert. Im *1. Kapitel* steht daher die historische Gegenposition im Zentrum. Sie wird über Georg Simmels *Philosophie des Geldes* (1900) diskutiert, der im Tausch das wesentliche Medium der Vergesellschaftung sah. Entsprechend ist der vorteilsuchende Tausch des Homo oeconomicus die Grundlage der neoklassischen Theorie des Gleichgewichts von Angebot und Nachfrage. Ihre Kernaussage ist die der *Neutralität des Geldes*. Daraus folgt, dass Krisen eigentlich keine innerökonomischen Ursachen haben, sondern exogen – also von außen, etwa durch Erdbeben, Technologieschocks oder durch die Politik – erzeugt werden. Wirtschaftspolitisch folgt daraus beispielsweise die Forderung, dass Zentralbanken nur auf (Geldwert-)Stabilität zu achten haben und keine Konjunktursteuerung bezwecken sollen.

Die in den letzten Jahrzehnten in ihrer Zahl und Intensität zunehmenden Krisen zeigen aber, dass auch diese herrschende Lehre in einer (Erklärungs-)Krise ist. Es wird zunehmend unglaubwürdig, Krisen stets auf äußere Ursachen, gar ständig auf eine falsche Wirtschaftspolitik zurückzuführen. Als erste Alternative zur Neoklassik diskutiert das 2. *Kapitel* die Krisentheorie par excellence, nämlich Marx' radikale Analyse und Kritik der Warenproduktion. Karl Marx (1818–1883) erlebt im Zuge der gegenwärtigen Finanz- und Schuldenkrise in den USA und im Euro-Land eine Art Comeback; ein bereits untergegangenes Paradigma könnte wiederaufleben. Von besonderer Bedeutung ist dabei die marxsche Lehre, dass eine immer höhere Produktivität die Profitrate langfristig sinken lässt, sodass der Kapitalismus aus systemimmanenten Gründen in eine finale Krise gerate. Es wird kritisch zu hinterfragen sein, wie überzeugend die Arbeitswertlehre ist, auf der dieses Gesetz vom »tendenziellen Fall der Profitrate« beruht. Marx' Auffassung vom Geld als einer (besonderen) Ware, die ebenso der Arbeitswertlehre unterliegt wie alle anderen Waren, und seine eigentümliche Unterbewertung des Zinses sind dabei allemal kritikwürdig.

Im 3. *Kapitel* schließlich wird ein neues Paradigma als weitere Alternative zur Neoklassik eingeführt, das auf seine langfristige Bewährung noch wartet: die *Eigentumsökonomik*, die 1996 von Gunnar Heinsohn und Otto Steiger begründet wurde. Ihr zufolge sind, wie bei Keynes, Warenproduktion und Warentausch *schuldengetrieben*, mithin ist hier Geld für den Tausch grundlegend. Im Unterschied zu Keynes, für den Geld und sein intrinsischer ökonomischer Wert (die »Liquiditätsprämie«) das schlechthin logisch Erste war, gründen Heinsohn und Steiger den Produktion und Tausch induzierenden Kreditvertrag im Eigentum und in dessen *Eigentumsprämie*. »Eigentum« wird dabei auf spezifische Weise von »Besitz« unterschieden, indem Besitzrechte auf physische Nutzung zielen, Eigentumsrechte aber ausschließlich auf immaterielle Belastbarkeit im Gläubiger-Schuldner-Vertrag. Das in einem solchen Kontrakt ausgegebene bzw. emittierte Geld wird als Anrecht auf Gläubigereigentum gefasst, und die während der Laufzeit verlorene Eigentumsprämie erscheint als Zinsforderung gegen den Schuldner. Auf diese Weise ist Geld prinzipiell knapp – es wird stets mehr geschuldet, als geschaffen und verliehen wurde –, was die Krise in sich birgt. Um sie zu vermeiden oder zu überwinden, helfen dann keine keynesianischen Zinssenkungen und Geldmengenerhöhungen, sondern nur die Stärkung der Eigentümerposition bzw. die Wiederherstellung verschuldungsfähigen Eigentums.

Die Schlussbetrachtung zieht ein für eine Diskussion offenes Fazit. Im Anhang finden interessierte Leserinnen und Leser eine kommentierte Bibliografie weiterführender Literatur. Schlüsselbegriffe – und immer wieder auftauchende elementare philosophische wie ökonomische Termini (etwa »Paradigma« oder »Zentralbank«) – werden ebenfalls im Anhang erläutert. Es wird empfohlen, diesen Teil parallel zu nutzen.

1. Simmels Philosophie des Tausches

Eine naheliegende Auffassung des Geldes besagt in etwa das Folgende: Geld ist lediglich ein Tausch*mittel*, insbesondere also nicht selbst eine Ware, die man tauschen könnte, sondern nur etwas, was den Tausch von Waren erleichtert. Der Gebrauch des Geldes reduziert den Aufwand, den der Handel mit sich bringt, die sogenannten Transaktionskosten, was ein nützlicher Vorteil ist.[5] Im Grunde aber ist Wirtschaften – Produktion und Markttausch – auch *ohne* Geld möglich. Tatsächlich, so mag man weiterdenken, hat es Wirtschaft historisch schon immer gegeben, auch dann schon, als noch kein Geld erfunden war. Geld ist mithin intrinsisch (für sich betrachtet) wertlos, bringt allenfalls den ökonomischen Wert von Produkten zum Ausdruck. Was eigentlich wertvoll ist, sind die produzierten Güter, und was Wirtschaft im Wesentlichen ausmacht, ist eben die Produktion und die Verteilung bzw. der Tausch dieser Güter (und Dienstleistungen). All dies lässt sich mit der Formel von der *Neutralität des Geldes* ausdrücken: Aus ihr folgt theoretisch, dass die Höhe der umlaufenden Geldmenge für die Konjunktur irrelevant ist, und wirtschaftspolitisch folgt, dass die Variation der Geldmenge zur Konjunktursteuerung ein falsches Instrument ist. Notenbanken wie die EZB oder die Fed/USA sollten lediglich auf Geldwertstabilität achten, um die Neutralität des Geldes auch praktisch zu sichern.

Diese Auffassung ist der Kern der inzwischen vorherrschenden sogenannten *neoklassischen* Wirtschaftslehre[6], der von Léon Walras 1874 begründeten *allgemeinen Gleichgewichtstheorie*. Wie ihr Name schon sagt, steht im Zentrum dieser Theorie das Gleichgewicht zwischen Angebot und Nachfrage. Das ökonomisch Grundlegende ist daher der vorteilssuchende *Tausch* und nicht etwa die Produktion (wie bei Marx) oder gar das Geld (wie später bei Keynes[7]). Die Neoklassik beruht auf der Modellannahme der Existenz eines Homo oeconomicus, der bei Ressourcenknappheit rational und vorteilssuchend zu tauschen beginnt. Die Existenz des Geldes ist dabei irrelevant. Es war insbesondere der Kulturphilosoph Georg Simmel (1858–1918), der in seiner *Philosophie des Geldes* (1900) diese Lehre vertrat und philosophisch begründete; wir beginnen daher mit Simmel. Die Diskussion wird dahin führen, dass auf der Basis des Tauschparadigmas die *Krise* letztlich unerklärt bleibt, was motivieren wird, bei Marx, Keynes sowie Heinsohn und Steiger nach Alternativen zu suchen.

Subjektive Wertung und Tausch

Simmels *Philosophie des Geldes*, ein mehr als 700 Seiten starkes Werk, besteht aus zwei Teilen. Der zweite, »synthetische« Teil analysiert die Auswirkungen der Geldwirtschaft auf die »individuelle Freiheit«, auf »personale Werte« und auf den »Stil des Lebens«. Es ist dieser Teil, in dem Simmel als Kulturphilosoph zur Geltung kommt; er bleibt hier außer Betracht. Im ersten, »analytischen« Teil hingegen geht es in unserem Sinne um das Wesen und den Sinn des Geldes.[8] Auf den ersten Blick irritieren mag dann, dass Simmel tatsächlich erst auf Seite 121 zum ersten Mal auf das »innere Wesen des Geldes« zu sprechen kommt. Man könnte denken, dass dies dem Stil des 19. Jahrhunderts geschuldet wäre und arg wortreich viel Überflüssiges mit abgehandelt würde. In der Tat aber hat dies seinen guten, systematischen Sinn: Denn es ist nach Simmel eben gerade nicht das Geld, das ökonomisch grundlegend wäre und die Wirtschaft ins Laufen brächte. Historisch wie systematisch geht nach Simmel dem Geldgebrauch ein ökonomischer Wertbildungsprozess voraus: Einen objektiven, ökonomischen Wert gibt es längst, bevor er im Geld »seinen reinsten Ausdruck und Gipfel«[9] finden kann.

Aber auch mit diesem ökonomischen Wert beginnt Simmel keineswegs; von »Wirtschaft« ist erstmals auf Seite 52 die Rede. Zum Vergleich betrachte man das *Kapital* von Karl Marx: Auch Marx beginnt (seinem Ansatz durchaus gemäß) keinesfalls mit Geld oder gar mit Kapital, wohl aber sofort mit Wirtschaft, und zwar mit der Ware und ihrem ökonomischen Wert. Marx zufolge ist der ökonomische Wert einer Ware nämlich *ausschließlich* objektiv, allein durch die Arbeit bestimmt, die im Produktionsprozess zu ihrer Herstellung investiert werden muss. Solche (»kapitalistische«) Produktion setzt Marx voraus und handelt dann unmittelbar von der Ware und ihrem Wert. Simmel dagegen vertritt im Geiste der Neoklassik eine *subjektive* Wertlehre, wonach der ökonomische Wert nicht ausschließlich objektiv bestimmt ist. Entscheidend ist für Simmel auch die Nachfrageseite, also das subjektive Begehren nach einem Produkt, das man nicht bereits hat.

Simmel setzt daher beim Subjekt an. Dessen Begehren, dessen Wertung, bildet ihm zufolge die Grundlage jeden Wertes: »Daß Gegenstände, Gedanken, Geschehnisse wertvoll sind, das ist aus ihrem bloß natürlichen Dasein und Inhalt niemals abzulesen, und ihre Ordnung, den Werten gemäß vollzogen, weicht von der natürlichen aufs weiteste ab.«[10]

In irgendeiner Weise muss ihr (objektiver) Wert also auf (subjektive) Wertung zurückgeführt werden. So angesetzt, wird die Objektivität des (ökonomischen) Wertes aber problematisch, stellt sich doch sofort die Frage, warum dann nicht der Charakter des Wertes bloß »ein im Subjekt verbleibendes Urteil« über diese Gegenstände oder Geschehnisse ist.[11] Simmel muss also zuallererst herleiten, wie man aus der subjektiven Wertung heraus zum objektiven Wert kommt. Zumal der Wert keine weitere Eigenschaft der Dinge sein könne: »So wächst einem Dinge auch dadurch, daß ich es wertvoll nenne, durchaus keine neue Eigenschaft zu; denn wegen der Eigenschaften, die es besitzt, wird es gerade erst gewertet: genau sein schon allseitig bestimmtes Sein wird in die Sphäre des Wertes erhoben.«[12]

Doch damit nicht genug: Mit dem subjektiven Begehren zu beginnen, macht nicht nur die Objektivität des ökonomischen Wertes problematisch, vielmehr muss darüber hinaus der ökonomische Wert noch spezifisch unterschieden werden können von anderen (objektiven) Werten, wie (vielleicht) etwa moralischen oder ästhetischen. Insbesondere gilt alles, was bislang von Simmel zitiert wurde, auch für den Gebrauchswert: Er bestimmt die Nützlichkeit eines Dings, beispielsweise die eines Paars Schuhe, für das doch sicher gilt, dass ein subjektives Bedürfnis vorausgesetzt werden muss. Auch ist der Gebrauchswert keine zusätzliche Eigenschaft der Schuhe, da sie eben wegen ihrer Eigenschaften gerade nützlich sind. Simmel aber muss, wie Marx, solchen Gebrauchswert strikt vom ökonomischen Wert abgrenzen[13], der vielmehr allein im *Tauschwert* besteht oder zum Ausdruck kommt. Worauf beruht aber dieser, wenn doch die natürlichen, physischen Eigenschaften der Dinge allein den Gebrauchswert (mit-)konstituieren?

Aufgrund dieser Probleme geht Simmel einen längeren Weg: über Werte im Allgemeinen und andere Beispiele wie dem ästhetischen Wert schließlich zum ökonomischen. Als Gegenpol zum subjektiven Begehren bestimmt Simmel die *Angebotsseite*, die Distanz des begehrten Objekts vom Subjekt. Es kann selten und/oder schwer zugänglich sein: »Das so zustande gekommene Objekt, charakterisiert durch den Abstand vom Subjekt, den dessen

Begehrung ebenso feststellt wie zu überwinden sucht – heißt uns ein Wert.«[14]

Diese Distanzierung ist es, die im Falle des ökonomischen Wertes eine besondere ist und diesen dadurch spezifiziert. Um dort das Begehrte zu bekommen, muss man auf den Besitz oder Genuss von etwas anderem verzichten. Man muss etwas geben (anbieten), um etwas bekommen (nachfragen) zu können. Ausgehend von der Nachfrage (dem subjektiven Begehren) entsteht dieser objektive Wert dadurch, dass man etwas anbieten muss, um sein Bedürfnis zu befriedigen. Mit anderen Worten: Der ökonomische Wert *entspringt* im Tausch.

Was vielleicht banal klingt, ist es beileibe nicht. Denn zum einen hat Simmel nun die folgende theoretische Schwierigkeit: Bezogen auf das subjektive Begehren sollte man meinen, dass beim Tausch beide Partner *gewinnen*, indem sie *nachher* beide jeweils das Objekt haben, das ihnen einen größeren Genuss verspricht. Die Wertsumme der beiden Tauschobjekte scheint nach dem Tausch größer zu sein als vorher; nur wenn jeder dem anderen mehr gibt, als er selbst besessen hat, komme es überhaupt zum Tausch.[15] Ökonomisch gesehen gewinnt aber niemand, werden doch Äquivalente getauscht, sodass die Wertsumme vorher wie nachher immer gleich groß ist. Und es ist gerade diese Äquivalenz, welche die Objektivität des ökonomischen Wertes für Simmel ausmacht.[16] Die Gleichwertigkeit *folgt* aber eben nicht aus subjektivem Begehren plus Tausch; offenbar bleibt eine Erklärungslücke. Der objektive ökonomische Wert wird also weder reduziert auf die subjektive Wertung, was in Simmels Sinne noch erwünscht ist, noch aus ihr deduziert, was aber anscheinend unerwünscht ist. Es ist allenfalls begründet, dass subjektives Begehren und Tausch für die Objektivität des ökonomischen Wertes *notwendige* Bedingungen sind, jedoch nicht, dass sie als solche auch hinreichend sind.

Des Weiteren ergibt sich das Problem, dass wenn der ökonomische Wert im Tausch entspringt, die Produkte und Dienstleistungen nicht etwa getauscht werden (können), *weil* sie ökonomisch wertvoll sind. Vielmehr werden sie danach erst dadurch wertvoll, *dass* sie getauscht werden. Sie haben also nicht schon vor dem Tausch einen absoluten (inneren) Wert, sondern bekommen einen Wert erst durch den Austausch: »Denn indem sie gegeneinander ausgetauscht werden, gewinnt jeder die praktische Verwirklichung und das Maß seines Wertes an dem anderen. Dies ist die entschiedenste Folge und Ausdruck der Distanzierung der Gegenstände vom Subjekt.«[17]

Die subjektive Wertlehre ist nach Simmel zwingend eine *relative* Wertlehre – »die Relativität der Wertbestimmung bedeutet ihre Objektivierung«[18] –, wonach nicht etwa der Wert im relativen Tauschwert bloß erscheint, sondern im relativen Tauschwert schlicht besteht. (Marx sieht dies genau anders, wie sich noch zeigen wird.)

Der Schwierigkeit, dass zwei Dinge doch eigentlich nur dann gleichen Wert haben können, wenn zuerst jedes für sich einen Wert hat, begegnet Simmel mit einer radikal relationalen Auffassung von Eigenschaften[19]: Selbst zwei Linien seien nicht etwa dadurch gleich oder verschieden lang, dass jede für sich eine bestimmte Länge besäße. Vielmehr besitze jede von ihnen eine bestimmte Länge erst durch den Vergleich mit der anderen. Und dies meint nicht, dass sie nur ihrer *Quantität* nach aneinander bestimmt wären, der *Qualität* nach aber jede für sich unabhängig vom Vergleich eine (eindimensionale) Ausdehnung besäße. Denn eine einsame Linie ist demnach »weder kurz noch lang, sondern noch jenseits der ganzen Kategorie«[20]. Ebenso werde A erst dadurch zu einem wirtschaftlichen Wert, dass man B dafür geben muss, und umgekehrt.[21]

Bis zur Widersprüchlichkeit betont Simmel immer wieder, dass die Werte der Wirtschaft durch den Tausch allererst entstehen: »Der Tausch ist nicht die Addition zweier Prozesse des Gebens und Empfangens, sondern ein neues Drittes, das entsteht, indem jeder von beiden Prozessen in absolutem Zugleich Ursache und Wirkung des anderen ist.«[22]

Es gibt daher gemäß der subjektiven Wertlehre keinen wirtschaftlichen Wert überhaupt, sondern eo ipso nur wirtschaftliche Wertquantität[23] – andernfalls wäre sie nicht objektiv –, sodass letztlich der ökonomische Wert mit dem (in Geld ausdrückbaren) Preis zusammenfällt. Dies wird in allen anderen noch zu diskutierenden Theorien anders sein. Wie in allen anderen Theorien ist aber natürlich auch nach Simmel der ökonomische Wert eine *gesellschaftliche* Kategorie[24], nur heißt eben »Vergesellschaftung« bei ihm »Wechselwirkung« zwischen Individuen – und damit letztlich: Tausch.[25] Alle gesellschaftlichen Verhältnisse sind Tauschverhältnisse, und wirtschaftlichen Tausch hat es in allen Gesellschaften gegeben.[26] Demgegenüber behaupten Marx, Keynes sowie Heinsohn und Steiger, dass es ökonomischen Wert und (Waren-)Tausch nur in bestimmten gesellschaftlichen Umständen gibt.

Die Neutralität des Geldes

Kommen wir zum Geld. Unabhängig vom Geldgebrauch haben nun Produkte (Waren) einen objektiven wirtschaftlichen Wert. Dieser ist von Simmel, ob vollständig oder nicht, abgeleitet bzw. durch seine Entstehung erklärt worden, nämlich mit der Voraussetzung subjektiven Begehrens und dem Zwang, eine andere Ware anzubieten, um die nachgefragte erhalten zu können. Was das Geld betrifft, erklärt Simmel aber bereits in der Vorrede, dass die Entstehung des

Geldes nur eine historische Frage sei, es ihm lediglich um die Geltung gehe.[27]

Wann und wie Geld entspringt, ist also für dessen Wesen und Funktion gänzlich irrelevant. Zwar sagt er, dass Geld »nicht plötzlich als ein fertiges, seinen reinen Begriff repräsentierendes Element in die Wirtschaft eingetreten sein, sondern sich nur aus vorher bestehenden Werten entwickelt haben kann«[28], doch kann von »Entwicklung« eigentlich keine Rede sein. Richtig ist, dass laut Simmel Geld nicht »plötzlich«, nämlich nicht – wie später bei Keynes – »aus dem Nichts« entsteht. Es geht dem Wirtschaftsprozess nicht vorweg, sondern setzt allein durch Tausch und also unabhängig vom Geld gebildete Werte bereits voraus. Wir werden sehen, dass in anderen Theorien (bei Keynes und Heinsohn/Steiger) der (Waren-)Tausch *schuldengetrieben* ist, die Existenz des Geldes, in Form von Kapital, quasi umgekehrt zu einer Bedingung für den Tausch wird.

Zumindest missverständlich ist aber, dass sich das Geld bzw. der Geldgebrauch aus den bestehenden Werten bzw. aus dem Tausch heraus »entwickelt« haben soll. Keineswegs hat Simmel im Sinn, wie dies bei Marx der Fall ist, dass Geld ein *notwendiges* Resultat des Tausches ist. Mit »Entwicklung« meint er vielmehr etwas rein Historisches; der Sache nach kann es eine simmelsche oder neoklassische Tauschwirtschaft genauso gut ohne Geld wie mit Geld geben. Geldgebrauch macht den Tausch eben nur einfacher, bequemer, ist aber weder notwendige Voraussetzung noch notwendiges Resultat des Tausches. In gewissem Sinn entsteht das Geld also doch »plötzlich«, nämlich unabgeleitet, willkürlich, jedenfalls systematisch unerklärt. Tausch und Warenwerte bilden gewissermaßen bloß eine begriffliche Voraussetzung: Denn Geld ist seinem »inneren Wesen« nach der »reinste Ausdruck« der Warenwerte, der »zur Selbständigkeit erlangte Ausdruck dieses [Tausch-]Verhältnisses«[29].

Geld ist ein *Zeichen*, welches das von ihm Bezeichnete (die Warenwerte) begrifflich voraussetzt. Es ist aber nicht so, dass der wirtschaftliche Wert der tauschbaren Objekte überhaupt dargestellt werden *müsste*.

Simmel ist ein Vertreter der *nominalistischen* Geldauffassung.[30] Ihr stand historisch die *metallistische* Auffassung entgegen, wonach Geld als Gold oder Silber auftreten oder zumindest durch Gold oder Silber gedeckt werden muss. Ebenso wenig wie ein Zeichen für einen Apfel – also etwa das Wort »Apfel« – selbst apfelhaltig sein muss, braucht aber ein bloßes Zeichen für wirtschaftlichen Wert selbst wertvoll zu sein. Dass Geld faktisch einen substanziellen Träger benötigt – im digitalen Zeitalter vielleicht nicht mehr (Stichwort: Bitcoins) –, ist für die Funktion des Geldes daher irrelevant. Und was seine Funktion als Tauschmittel anbelangt, ist dies sicher richtig: Etwas, was den Tausch von Waren[31] bloß *vermittelt*, muss keineswegs von derselben Art sein wie die zu tauschenden Waren. Wertvoll mag allein das sein, was letztlich getauscht wird, und nicht auch das, was nur dazwischengeschaltet ist. Geld ist im Tausch der Stellvertreter der Waren somit auch bloß Stellvertreter des Warenwertes und nicht selbst ein Wert bzw. nicht selbst wertvoll. (In anderen Theorien ist es genau umgekehrt: Ein bloßes Produkt wird dadurch zur Ware, dass es zum Stellvertreter des Geldes wird.)

Doch hat Geld nicht nur die Rolle eines Tauschmittels. Darüber hinaus wird ihm noch die Funktion des Wert*maßes* zugeschrieben, also des Maßstabs für die Warenwerte. Kann es auch diese Rolle ausfüllen, ohne selbst einen Wert zu haben? Man betrachte etwa das Urmeter in Paris: Könnte dieser Gegenstand ein Maß für Längen sein, wenn er nicht selbst lang wäre? Muss nicht ein Maß für Gewichte selbst schwer sein? Und muss nicht deshalb ein Maß für Werte (das Geld) selbst wertvoll sein? Zwar mag richtig sein, wie auch Wittgenstein meint[32], dass das Urmeter in Paris in seiner Funktion als Maßstab nicht *1 Meter* lang ist – es misst sich schließlich nicht selbst –, doch würde kaum ein gasförmiger Körper, der ständig in seiner Ausdehnung variiert, als Maßstab für Längen taugen. Man würde gar nicht wissen, in welcher Hinsicht überhaupt verglichen werden soll, wenn das Vergleichsobjekt nicht zuverlässig von ein und derselben Qualität wäre wie das zu messende Objekt. Simmel jedenfalls stellt sich ernsthaft diesem Einwand und räumt ein, dass »die Ware und ihr Maßstab gleichen Wertes sein« müssen, »wenn man eine einzelne Ware unmittelbar einem Geldwert gleich zu setzen hätte«[33]. In diesem besonderen Fall des Wertvergleichs aber stimme dies nicht: »Die Gleichsetzung zwischen dem Wert einer Ware und dem Werte einer Geldsumme bedeutet keine Gleichung zwischen einfachen Faktoren, sondern eine Proportion, d.h. die Gleichheit zweier Brüche.«[34]

Simmel löst das Problem, indem er sich konsequent seiner *relativen* Wertlehre bedient. Eine »Gleichung zwischen einfachen Faktoren« wäre diese:

Warenwert (A) = Geldsumme (A)

Die quantitative Gleichheit zwischen dem Wert der Ware A und dem Wert der für A benötigten Geldsumme würde, so verstanden, auf gleicher *Qualität* beruhen. Ware und Geld wären in einer Hinsicht gleich, welche in der (quantitativen) Gleichung durch dieselbe *Einheit* zum Ausdruck kommt, die auf der linken wie auf der rechten Seite mitzudenken ist. Die gemeinte »Gleichheit zweier Brüche« hingegen ist diese:

$$\frac{\textit{Warenwert (A)}}{\textit{Gesamtwarenwert}} = \frac{\textit{Geldwert (A)}}{\textit{Gesamtgeldmenge}}$$

Nun steht auf der linken Seite bloß der *relative* Wert der Ware A im Verhältnis zum Wert aller Waren und auf der rechten Seite nur ihr *relativer Preis*. Diese Gleichung ist *einheitenlos* – da sich die (vorgeblichen) Einheiten auf jeder Seite wegkürzen –, sodass links wie rechts bloß ein Zahlenverhältnis steht. Auf diese Weise kann Simmel behaupten, dass der eigentliche Ausdruck des Tauschwerts von Waren bloß ein relativer Preis sei, Geld also an sich tatsächlich wertlos ist. Man beachte auch die Konsequenz, mit der er sagt, dass im rechten Bruch sich das Verhältnis des linken »wiederholt«[35], dass also der relative Preis den zuvor schon bestimmten relativen Warenwert nur darstellt. Eine Variation des relativen Warenwerts (linker Bruch) führt also zu einer Variation des Geldpreises (rechter Bruch), während eine Variation der Gesamtgeldmenge (rechter Nenner) lediglich den Geldwert von A (rechter Zähler) beeinflusst, nicht aber den Gesamtwarenwert (linker Nenner).

Schließlich wirkt Geld – vorgeblich, nach Meinung der Volkswirtschaftslehre – über die Funktionen als Tauschmittel und Wertmaß hinaus noch als Wert*aufbewahrungsmittel*. Was aber wird da »aufbewahrt«, wenn Geld doch wertlos ist? Geld kann man »sparen«, denkt man landläufig, was sinnlos erscheint, wenn es an sich wertlos ist. Im Geld können Werte »übertragen« werden und »umlaufen«, heißt es, was offenbar ebenso sinnlos ist, wenn der substanzielle Träger des Geldes nicht zugleich, wie jeder Warenkörper, ein Träger von Wert ist. Simmel stellt sich auch diesem Problem und scheint eine »Doppelrolle des Geldes« einzuräumen.[36] Zum einen stehe Geld *außerhalb* der »Reihe konkreter Werte«. In dieser »ideellen« Stellung drückt es die relativen Tauschwertverhältnisse konkreter Produkte und Dienstleistungen aus und erfüllt die Rolle als Tauschmittel und die als Wertmaß. Zum anderen aber stehe Geld auch *innerhalb* der Wirtschaftsreihe. In dieser Stellung wird Geld dann selbst zu einer gemessenen Größe und zu einem tauschbaren Objekt. Es erfüllt dann die Rolle als Wertaufbewahrungsmittel. Simmel folgert, erneut bis hin zur Widersprüchlichkeit: »Das Geld gehört also zu denjenigen normierenden Vorstellungen, die sich selbst unter die Norm beugen, die sie selbst sind.«[37]

Das Manöver mit der Doppelrolle des Geldes ist aber bis heute umstritten: »Denn wenn sich beide Geldfunktionen widersprechen, so kann lediglich eine korrekt sein, lediglich eine den Funktionsbedingungen einer Geldwirtschaft genügen.«[38]

Dies sieht letztlich auch Simmel so: Denn in guter neoklassischer Manier *spielt* Simmel lediglich mit der Doppelrolle des Geldes, bleibt für ihn doch immer klar, dass die eigentliche Bedeutung des Geldes darin besteht, »die wirtschaftliche Relativität der Objekte in sich darzustellen«[39]. Diese eigentliche Bedeutung werde nicht dadurch verneint, dass »es noch andere [...] Seiten besitzt«, ja sie wird dadurch nicht einmal relativiert, da jene anderen Seiten »herabsetzend und verundeutlichend« seien: »Insofern diese an ihm wirken, ist es eben nicht Geld.«[40]

An dieser Stelle vermischen sich bei Simmel deskriptive und normative Aspekte: Er sieht, dass Geld sehr wohl als etwas behandelt wird, was selbst wertvoll ist. Es ist darüber hinaus offenbar eine Tatsache, dass Geldmengenvariationen nicht nur das Preisniveau verändern – also beispielsweise eine Erhöhung der Geldmenge nicht nur Inflation bewirkt –, sondern auch Einfluss auf die Warenproduktion haben.[41] Dieser Seite des Geldes, seiner konkreten Stellung innerhalb der Warenkette, muss Simmel – und muss die Neoklassik – irgendwie gerecht werden, um eine deskriptiv angemessene Theorie zu vertreten. Normativ wird dann aber geltend gemacht, dass diese Seite nicht dem »reinen Begriff« des Geldes entspreche. Seinem reinen Begriff bzw. seiner eigentlichen Bedeutung nach stehe Geld eben außerhalb der Reihe konkreter Werte, drücke Geld den realen, relativen Tauschwert der Waren bloß aus. Simmel bleibt Nominalist. Im Geiste der Neoklassik assoziiert er dann mit der »herab- setzenden und verundeutlichenden« Seite des Geldes des- sen variablen, schwankenden Geldwert, während dem rei- nen Begriff die »wesentliche Eigenschaft« der Wert*stabilität* korrespondiere.[42] Daraus wird – im Monetarismus – wirt- schaftspolitisch gefolgert, dass Zentralbanken in ihrer Geld- politik lediglich diese Wertstabilität im Auge behalten sol- len und keine Konjunktursteuerung bezwecken dürfen, so- dass Geld seine »eigentliche« Rolle auch erfüllen kann. Der Goldstandard, der zuweilen auch von Neoklassikern vertei- digt wird, hat entsprechend hier nicht die Aufgabe, den in- trinsischen Wert des Geldes zu vertreten, sondern die Stabi- lität zu gewährleisten, aufgrund derer das Geld seine Rolle als in sich wertloser Ausdruck von Werten erfüllen kann.

Vor diesem Hintergrund konsequent ist zuletzt, dass Simmel im »analytischen« Teil seiner *Philosophie des Geldes* nahezu kein Wort über den Zins fallen lässt. Auf Basis des Tauschparadigmas nämlich ist Zins ursprünglich kein *Geld*- zins, drückt wesentlich also nicht so etwas wie den Preis des temporären Verzichts auf Geld aus. Er ist vielmehr der Sache nach ein bloßer *Güter*zins. Denn wer die Auffassung ver- tritt, dass Geldgebrauch zu verschleiern droht, was Wirt- schaft wesentlich ist – nämlich Tausch, also Angebot und Nachfrage von Produkten und Dienstleistungen –, wird ver- suchen, auch den Zins eben darauf zu reduzieren. Entspre- chend kompensiert Zins nicht eigentlich den Verzicht auf Geld, sondern den Verzicht auf gegenwärtigen Konsum. Wer den sicheren, heutigen Konsum auf morgen verschiebt, so die Idee, verlangt dafür (berechtigterweise) einen Aus- gleich. Daraus folgt, wie wir im 3. Kapitel noch genauer se- hen werden, dass die Höhe des Zinssatzes sich streng an der

Produktivität der »realen« Wirtschaft orientieren muss. Ebenso wie Geld bzw. der relative Preis Simmel zufolge nur »wiederholt«, was sich als relativer Tauschwert der Waren ergeben hat, kann entsprechend der Zins nicht unabhängig von der Realwirtschaft variieren. Wirtschaftspolitisch folgt analog, dass eine Variation der Zinssätze konjunkturell wirkungslos ist, da, kurz gesagt, nicht der Tausch vom Zins, sondern der Zins vom Tausch abhängt.

Die Konjunktur lässt sich daher weder durch eine direkte Variation der Geldmenge noch durch Variation der Zinssätze steuern. All dies klingt nach dem bekannten Vertrauen in die Selbstheilungskräfte des Marktes, wonach Eingriffe in die Wirtschaft, insbesondere fiskal- und geldpolitische Maßnahmen, als eher kontraproduktiv angesehen werden – eine Auffassung, die ja durchaus richtig sein kann. Wirtschaftspolitische Maßnahmen zur Bekämpfung einer Krise, die aus einer bestimmten Theorie folgen oder nicht folgen, bilden aber nur die eine Seite, recht eigentlich bereits den zweiten Schritt vor dem ersten. Denn zunächst sollte es doch darauf ankommen, das Entstehen von Krisen zu *erklären*. Es deutet sich aber an, dass Simmel und die Neoklassik insgesamt hier keine innerökonomische Antwort haben. Denn wenn die Zinssätze, ihrem »reinen Begriffe« nach, der Wirtschaftsentwicklung *folgen*, nicht unabhängig von ihr variiert werden können, dann variieren sie anscheinend stets gerade so, dass es zu einem überschießenden Boom oder einer depressiven Krise gar nicht erst kommen kann. Bei niedriger Produktivität sind sie niedrig, bei hoher Produktivität hoch, sodass Nicht-Gleichgewichtszustände zumindest langfristig ausgeschlossen scheinen. Die Krise ist beim Tauschparadigma offenbar ein Fremdkörper.

Die Krise in der Neoklassik

Was ist eigentlich eine Krise? Letztlich doch eine Situation, in der es branchenübergreifend und über einen längeren Zeitraum hinweg zu einem Überangebot von Waren kommt. Produzierte Güter können nicht mehr abgesetzt werden, die Lagerbestände erhöhen sich, sodass neue Investitionen nicht lohnenswert erscheinen und also ausbleiben. Die Arbeitslosigkeit steigt. Auf der Basis des Tausches ist eine solche Situation aber eigentlich unverständlich.

Denn Simmels Ausgangspunkt war doch die Nachfrageseite, das subjektive Begehren nach einer Ware, die man nicht bereits hat. Um sie zu bekommen, war es nötig, eine andere Ware anzubieten. Für das Angebot einer Ware gibt es daher überhaupt gar keinen anderen Grund als die Nachfrage nach einer (anderen) Ware.

Selbst Tauschtheoretiker, die, wie der Arbeitswerttheoretiker John Stuart Mill (1806–1873), nicht beim subjektiven Begehren ansetzen, sehen dies nicht anders:

>»[L]et us suppose that the quantity of commodities produced is not greater than the community would be glad to consume: is it, in that case, possible that there should be a deficiency of demand for all commodities for want of the means of payment [aus Mangel an Zahlungsmitteln]? Those who think so cannot have considered what it is which constitutes the means of payment for commodities. It is simply commodities. Each person's means of paying for the productions of other people consists of those which he himself possesses. All sellers are inevitably and *ex vi termini* buyers.«[43]

Solange nämlich Geld nichts anderes ist als ein intrinsisch wertloser, bloßer Stellvertreter der Waren(-werte), ist jedes

Angebot einer Ware zugleich die Nachfrage nach einer anderen *Ware*. Wenn Geld seinem »reinen Begriffe« bzw. seiner »eigentlichen Bedeutung« nach außerhalb der Reihe konkreter Werte steht, kann es innerhalb derselben zu keinem Überangebot kommen. Um Waren nachzufragen, muss man Waren anbieten, und man bietet eine Ware A an, *indem* man eine Ware B nachfragt. Aus dieser Wechselseitigkeit käme man nur heraus, wenn man durch Angebot von Waren noch nach etwas *anderem* nachfragen könnte als nach Waren – nämlich nach Geld. Nur dann also, wenn Geld nicht bloß ein Stellvertreter für Waren ist, könnte es zu einem Überangebot an Waren kommen. Das aber widerspricht nach Simmel und der Neoklassik dem eigentlichen Wesen des Geldes.

Ist ein Warenangebot aber zugleich eine Warennachfrage, wie eben nach Simmel und Neoklassik, kann es zu keinem Überangebot von Waren kommen. Zwar kann natürlich ein bestimmtes Unternehmen pleitegehen, wenn seine *bestimmten* Waren keiner mehr nachfragt. Das Angebot dieses Unternehmens schlüge dann fehl, insbesondere als Nachfrage nach Zahlungsmitteln. Denkbar ist auch, dass eine ganze Branche in die Krise gerät, weil das *spezifische* Angebot ihrer Produkte nicht mehr ausreichend auf spezifische Nachfrage trifft. Auch dieses Angebot schlüge dann fehl, insbesondere auch als Nachfrage nach Zahlungsmitteln. Theoretisch ausgeschlossen ist es jedoch, dass global, branchenübergreifend und langfristig *mehr* Waren angeboten als nachgefragt werden. Branchenübergreifend können Zahlungsmittel (Geld) nicht knapp sein, wenn sie doch nur Waren vertreten. Man kann dann nicht Zahlungsmittel *im Unterschied* zu Waren nachfragen. Die Krise im Sinne des globalen, branchenübergreifenden Überangebots an Waren kann es nicht geben.[44]

Nun gibt es sie aber, und es stellt sich die Frage, wie Simmel und die Neoklassik damit umgehen.[45] Dazu sei das tauschtheoretische Rätsel der Krise nochmals in anderen Worten formuliert: Die allgemeine Gleichgewichtstheorie funktioniert analog zur Thermodynamik. Dabei stellt man sich vor, dass eine *endogene* Entwicklung des Systems, also die Veränderung, die es aus sich heraus, ohne äußeren Einfluss der Umgebung, erfährt, stets die von Gleichgewichtszustand zu Gleichgewichtszustand ist. Eine Krise aber ist (wie ihr Gegenteil: der Boom) ein Ungleichgewichtszustand. Die Behauptung der innerökonomischen Unmöglichkeit der Krise besagt dann, dass ein Ungleichgewicht nur durch äußere Störungen zustande kommen kann, dass Krisen also nur *exogene* Ursachen haben. Solche exogene Ursachen verhindern insbesondere, dass sich Preise und Löhne flexibel den veränderten Rahmenbedingungen anpassen. Betrachten wir hierzu nochmals Simmels Gleichung zweier Brüche:

$$\frac{Warenwert\ (A)}{Gesamtwarenwert} = \frac{Geldwert\ (A)}{Gesamtgeldmenge}$$

Sie gilt selbstverständlich nicht nur für die Ware A, sondern ebenso für alle anderen Waren, für B, C, D usw. Solange nur moderate Änderungen in Betracht gezogen werden, passen sich die relativen Preise instantan den relativen Warenwerten an. Schlagartige Änderungen aber können das System aus dem Gleichgewicht bringen. Ein prominentes Beispiel für eine schlagartige, exogene Ursache eines Ungleichgewichts ist der sogenannte Technologieschock. Eine technologische Revolution, wie etwa die Einführung des Internets, führt kurzfristig (in bestimmten Branchen) zu einer starken Reduzierung der Produktionskosten, die aber nicht sogleich in fallenden Preisen ihren Ausdruck findet. Auf diese Weise entsteht in diesen Branchen ein Boom, der zu Kapitalfehllenkungen führen kann, was einen künftigen Crash einleitet.

Für unsere Zwecke interessanter ist der neoklassische Vorwurf der falschen Geldpolitik durch die Notenbanken: Als exogene Ursache wird nämlich auch der Fall gesehen, wenn die Akteure sich nicht dem »reinen Begriffe« des Geldes entsprechend verhalten. So können etwa Normalbürger – irrationalerweise – beginnen, Geld zu horten, also tatsächlich Geld *anstelle* von Waren nachzufragen. Vor allem aber könnte die Zentralbank beginnen, über die Variation der Geldmenge die Konjunktur zu steuern. Schlagartige Veränderungen der Gesamtgeldmenge (rechter Nenner von Simmels Gleichung) führen jedoch nicht sogleich zu einer allgemeinen Veränderung der Geldwerte der Waren (rechter Zähler), also nicht unmittelbar zur allgemeinen Änderung der relativen Preise. Dies mag vielleicht kurzfristig, so die Neoklassik, zur gewünschten Veränderung des Gesamtwarenwerts führen (linker Nenner), grundsätzlich sei dies aber ein Eingriff, der das Gleichgewicht störe. Kurzum: Es ist tatsächlich so, dass laut Neoklassik Ungleichgewichtszustände nicht vorkämen, wenn denn nur gewährleistet wäre, dass auch praktisch die Neutralität des Geldes verteidigt wird, wie sie theoretisch begründet ist.

Zunächst abgesehen davon, dass bei einer zunehmenden Häufung und Intensität von Boom und Krise immer weniger überzeugend wird, dass ihre Ursachen rein exogen sind, sei an dieser Stelle bereits erwähnt, dass etwa nach Keynes die neoklassisch geforderte – aber irgendwie exogen verhinderte – Flexibilität der Preise nicht einmal wünschenswert ist. Angewendet auf den Arbeitsmarkt, besteht die Krise ja in der Zunahme »unfreiwilliger Arbeitslosigkeit«. »Unfreiwillig« arbeitslos ist jemand nach Keynes dann, wenn die Löhne der (vergleichbar) Beschäftigten *über* dem Wert liegen, zu dem der Arbeitslose rationalerweise arbeiten würde, und er dennoch keine Arbeit findet.[46] Tauschtheoretisch müsste man in einer solchen Situation erwarten, dass die Löhne so lange fallen, bis sich ein neues Gleichgewicht einstellt. Und tauschtheoretisch ist dann im vorgeführten Sinne zu kritisieren, dass etwa aufgrund von starren Tarifverträgen (exogenen Ursachen!) eine Anpassung der Löhne nach unten verhindert wird. Für Keynes aber ist ein Rückgang der Löhne nicht einmal wünschenswert, weil dies die Kaufkraft schwäche und also die Krise nur verschärfe. Ebenso ist laut Keynes die Stabilität statt Flexibilität der Warenpreise wünschenswert, da ein Fallen der Warenpreise – Deflation also, die neoklassisch den Absatz befördern sollte – die Krise ebenfalls nur verschärfe.

Hier zeigt sich der wichtigste theoretische Unterschied zwischen Simmel und Neoklassik auf der einen Seite und Keynes bzw. Heinsohn und Steiger auf der anderen: Deflation ist nämlich laut Keynes deshalb schlecht[47], weil sie die Schuldner in Bedrängnis bringt. Ein allgemeiner Preisverfall mag zwar den Absatz der produzierten Waren fördern, er bringt dennoch die Unternehmen in Schwierigkeiten, weil die Geldaufwertung ihre (reale) Zins- und Tilgungslast erhöht. Es wird deutlich, dass hinter dem Geld bei Keynes (und bei Heinsohn/Steiger) ein Kreditvertrag steht, ein Gläubiger-Schuldner-Verhältnis. Ein solches Verhältnis impliziert eine (Geld-)Zinsforderung, sodass global immer *mehr* Geld geschuldet wird, als verliehen wurde. Im Gegensatz zu Simmel und der Neoklassik, wo das Zahlungsmittel, das Waren nur vertritt, gerade bei (vermeintlichem) Warenüberangebot nicht knapp sein kann, ist bei Gegnern des Tauschparadigmas das Zahlungsmittel (Geld) *immer* knapp, was den Keim der Krise in sich birgt. Es ist daher ein wesentlich anderes Verständnis von Geld (und Zins), das die Krise innerökonomisch erklärbar macht.

Doch halten wir zunächst nur fest, dass Krisen wie die in Japan (1989 ff.) und USA/Euro-Land (2007 ff.) inzwischen zu häufig und zu einschneidend sind, als dass eine Theorie überzeugen könnte, die sie immer wieder nur auf externe Schocks und falsche Wirtschaftspolitik zurückführen will.[48] Dies motiviert, Alternativen zu betrachten: Marx, Keynes sowie Heinsohn und Steiger zeigen (je anders), wie auf der Basis einer anderen Auffassung des Geldes Krisen inner-ökonomisch erklärbar sind. Wir beginnen mit Marx, dem Krisentheoretiker par excellence, der nicht zuletzt im Zuge der jüngsten Weltwirtschaftskrise ein Comeback zu feiern scheint.

2. Marx' Kritik der Warenproduktion

Auf der Basis des Tausches bleibt die Krise ökonomisch unerklärt: Jedes Angebot einer Ware ist zugleich die Nachfrage nach einer anderen Ware, sodass ein globales, branchenübergreifendes Überangebot an Waren im Grunde unmöglich ist. Die Theorien der folgenden Kapitel sind, systematisch, Reaktionen auf diese Krisenverleugnung der neoklassischen Wirtschaftslehre. Es zeigt sich, dass es gerade die Rolle des *Geldes* ist, die in den zu diskutierenden Wirtschaftstheorien je anders bestimmt ist: Es ist die behauptete Neutralität des Geldes, die verhindert, Krisen innerökonomisch zu erklären und wirtschaftspolitisch zu bekämpfen. Geld kann somit kein bloßes Zeichen für einen unabhängig von ihm sich ergebenden relativen Tauschwert von Waren sein. Ebenso wenig ist es ein bloßes Tauschmittel, das lediglich Transaktionskosten senkt, also den Warentausch erleichtert, der aber sehr wohl ohne Geld denkbar wäre. Für alles Folgende gilt daher: Ohne Geld kein (Waren-)Tausch! Und damit hängt zusammen, dass der Warentausch zuweilen in Krisen gerät.

Nach Karl Marx (1818–1883) wird die warenproduzierende Gesellschaft sogar in eine finale Krise geraten, aus der die Menschheit nur durch Revolution und Übergang zum Sozialismus/Kommunismus herauskomme. Nicht zuletzt wegen dieser radikalen Konsequenz gilt Marx zweifellos als der Krisentheoretiker par excellence. Darüber hinaus hat antikapitalistische Kritik in der gegenwärtigen Krise durchaus wieder Konjunktur, sodass eine Neubewertung der marxschen Kapitalismusanalyse angebracht erscheint.[49] Sie wird hier auf eine Weise erfolgen, die zu Keynes und schließlich zu Heinsohns und Steigers *Eigentumsökonomik* als alternativen Krisenerklärungen überleitet.

Wer sich auf Marx einlässt, kommt an Hegels Dialektik eigentlich nicht vorbei. Insbesondere ist das zentrale Verhältnis zwischen Ware und Geld der Intention nach ein »dialektisches«, nach linkshegelianischer Marx-Deutung gar jede einzelne Ware ein »real existierender Widerspruch«, der »aufzuheben« sei in eine nicht mehr warenproduzierende, kommunistische Gesellschaft.[50] Wir werden dennoch weitgehend ohne Hegel auskommen: indem einerseits die guten Gründe deutlich werden sollen, die in diesen marxschen Ansatz hineinführen, andererseits aber auch jene, die schnell wieder herausführen. Es ist Keynes' Auffassung von Geld und Ware, die ebenso wie Marx die Probleme ernst nimmt, aber ohne Hegelei auskommt.[51] Explizit mit dem (vorgeblichen) Scheitern des Keynesianismus begründet hingegen eine andere Marx-Lektüre ihre Kapitalismuskritik, jene, die dem »tendenziellen Fall der Profitrate« besondere Bedeutung beimisst.[52] Dieses Theorem von Marx beruht nun aber dezidiert auf den Eigenheiten der marxschen Arbeitswertlehre, insbesondere auch auf ihren quantitativen Aspekten, die ihrerseits nicht gerade ohne Schwierigkeiten ist. Wie man ohne Arbeitswertlehre den ökonomischen Wert als objektiven und absoluten bestimmen kann und wie man damit auch das Geld in seiner konstitutiven Rolle erfasst, zeigt dann der Ansatz von Heinsohn und Steiger als weitere Alternative zum Keynesianismus.

Die Ware und ihr Wert

Alle folgenden Theorien des Wirtschaftens unterscheiden sich von Simmels neoklassischer Lehre in einem wichtigen Ausgangspunkt: Wenn ökonomischer Wert auf subjektive

Wertung respektive subjektives Begehren zurückgeht und durch Tausch objektiv wird, dann hat es immer und überall, wo nicht Schlaraffenland war, Wirtschaften im relevanten Sinne gegeben. Bei Ressourcenknappheit versucht der Homo oeconomicus, als welcher der Mensch in Simmels Subjektivitätstheorie begründet wird, rational und auf den eigenen Vorteil bedacht zu tauschen. Wirtschaftsgeschichte ist demnach eine *evolutionäre*, eine Geschichte ohne Brüche, in der es eben Tausch schon immer gab, der nach und nach durch Geldgebrauch, ein zweistufiges Bankensystem und dergleichen nur strukturell komplexer wurde. Nicht so bei Marx, Keynes sowie Heinsohn und Steiger: Dort hat die Wirtschaftsgeschichte Brüche, entsteht durch Revolutionen wirklich Neues, das es nicht in vereinfachter Vorform immer schon gegeben hat, zum Beispiel eben Geld.

Zum Verständnis von Marx ist es daher zentral, dass er von der ersten Seite des *Kapitals* an »kapitalistische Produktionsverhältnisse« vor Augen hat, die seines Erachtens in einer bestimmten historischen Situation des industriellen Zeitalters entstanden sind.[53] Gesellschaftsunabhängig haben Produkte bloß einen bestimmten *Gebrauchswert*, der sich aus ihren physischen Eigenschaften ergibt. Ein Wintermantel etwa erfüllt einen nützlichen Zweck, wenn er aus adäquatem Material besteht und gut verarbeitet ist. »In der von uns betrachteten Gesellschaftsform« – und *nur* dort – »bilden sie zugleich die stofflichen Träger des – Tauschwerts«[54]; nur in der kapitalistischen Gesellschaftsform werden solche Produkte zu *Waren*. Wenn also Marx unmittelbar mit dem einfachen Warentausch beginnt, das heißt mit seiner berühmten Gleichung »x Ware A = y Ware B«, dann ist damit eine vereinfachte Operation, ein Element, im Kontext des kapitalistischen Ganzen gemeint und nicht etwa ein frühhistorischer Vorgang, wo zwei bloß vermeintliche Warenbesitzer etwa Oliven gegen Schafskäse tauschen.[55]

Das ist wichtig, weil andernfalls das verbreitete Missverständnis entsteht, Marx wäre ein bloßer Klassiker, ein Arbeitswerttheoretiker unter vielen anderen, zum Beispiel Adam Smith und David Ricardo. So ist zunächst festzuhalten, dass Marx als Arbeitswerttheoretiker nicht nur keine *subjektive* Wertlehre vertritt, sondern auch keine relative. Jede Arbeitswerttheorie ist insofern als *objektive* Wertlehre zu verstehen, als behauptet wird, dass der (objektive) ökonomische Wert gerade nicht auch auf subjektiven Wertungen beruht, sondern allein dadurch bestimmt ist, dass *Arbeit* investiert wurde, um das (wertvolle) Produkt herzustellen. Während aber Simmel wohl überzeugend gezeigt hat, dass man eine subjektive Wertlehre nur als relative vertreten kann[56], gibt es unter Arbeitswerttheoretikern sowohl solche, für die der ökonomische Wert nichts als relativer Tauschwert ist (beispielsweise Ricardo), als auch solche, für die der Wert absolut ist. Marx' Gleichung, die ja der von Simmel abgelehnten »Gleichung zwischen einfachen Faktoren«[57] entspricht, zeigt bereits, dass er den ökonomischen Wert nicht bloß als relativen verstehen will.

Wiederholt betont Marx, dass Waren »ein Gleiches«[58] ausdrücken, und meint damit, dass sie, gleichgültig ob sie quantitativ gleichen oder verschiedenen Tauschwert haben, hinsichtlich des ökonomischen Wertes von gleicher Qualität sein müssen. Marx schreibt: »Als Gebrauchswerte sind die Waren [zum Beispiel Leinwand und Rock] vor allem verschiedner Qualität, als Tauschwerte können sie nur verschiedner Quantität sein, enthalten also kein Atom Gebrauchswert.«[59] Damit will er gerade nicht sagen, was Simmel behauptet, nämlich dass ihr ökonomischer Wert ein rein quantitativer (und also relativer) wäre. Vielmehr können Waren hinsichtlich ihres ökonomischen Wertes nur von »verschiedener *Quantität*« sein, weil sie allemal von *gleicher Qualität* sein müssen. Eine Gleichung wie »1 Quarter Weizen = a Ztr. Eisen« besagt für Marx, dass »ein Gemeinsames von derselben Größe in zwei verschiedenen Dingen existiert«[60], eine ohnehin gemeinsame Qualität also auch von selber Quantität vorliegt. Marx denkt das Naheliegende, gegen welches Simmel unter Gefahr der Zirkularität argumentierte, nämlich dass zwei Linien grundsätzlich ausgedehnt sein müssen, um gleich oder verschieden lang sein zu können, dass in zwei Körpern grundsätzlich Schwere sein muss, damit sie gleich oder verschieden schwer sein können. Ebenso muss nach Marx eine Ware grundsätzlich (ökonomischen) Wert haben, um gleichen oder verschiedenen Tauschwert relativ zu einer anderen Ware haben zu können.

Der Gegensatz zwischen Marx und Simmel besteht daher darin, dass für Simmel der ökonomische Wert im (notwendig: relativen) Tauschwert *besteht*, während er für Marx ein absoluter ist, der als relativer bloß *erscheint*: »Der Tauschwert kann überhaupt nur die Ausdrucksweise, die ›Erscheinungsform‹ eines von ihm unterscheidbaren [nicht-relativen, absoluten] Gehalts sein.«[61]

Dasjenige, was dem Tauschwert zugrunde liegen soll, nennt Marx kurz »Wert« und meint damit selbstverständlich eine *gesellschaftliche* Kategorie, muss sich dieser jeder Ware inhärente Wert, das heißt die Qualität des Ökonomischen, doch von jeder *Eigenschaft* der Ware unterscheiden, die ihren Gebrauchswert konstituiert: »Dies Gemeinsame kann nicht‹ eine geometrische, physikalische, chemische oder sonstige natürliche Eigenschaft der Ware sein.«[62]

Bis hierhin kann man Marx philosophisch vielleicht im Sinne von Platon oder Kant verstehen[63]: Das, was wir zunächst wahrnehmen – die Gegenstände der Sinnenwelt bei Platon und Kant, der Tauschwert der Waren bei Marx –, ist in Wahrheit bloß *Erscheinung*, nicht das eigentliche Wesen der Dinge. Ihr Wesen ist davon zu unterscheiden: die trans-

zendente Idee bei Platon, das Ding, wie es in transzenden-
taler Bedeutung an sich selbst ist, bei Kant und der imma-
nente Wert der Ware bei Marx. Dabei bleibt Marx aber nicht
stehen, und an dieser Stelle kommt erstmals Hegel ins
Spiel.

Während nämlich eine Erscheinung immer auf etwas
verweist, was nicht miterscheint, letztlich also wohl auf ein
ihr zugrunde liegendes Wesen verweist, ist traditionell das
Wesen durchaus unabhängig von seiner Erscheinung gefasst. Eine platonische Idee ist ontologisch grundlegend, sie
besteht unabhängig davon, ob es Abbilder von ihr gibt; nur
umgekehrt gilt, dass jede Eigenschaft der Sinnendinge von
der Idee, wovon sie ein Abbild sein soll, abhängig ist. Das
Wesen muss also keineswegs auch erscheinen. Bei Hegel
und Marx dagegen gibt es eine »dialektische Bewegung«
vom unmittelbaren, empirischen Sein – dem Tauschwert
bei Marx, der *thesis* – durch das Wesen (den Wert, die *antithesis*) zur die Unmittelbarkeit »aufhebenden« vermittelten
Existenz, dem Tauschwert als Erscheinungsform des Werts
(*synthesis*). Der Wert, meint also Marx, *muss* erscheinen,
und zwar gerade so, wie es auf dem Markt der kapitalistischen Gesellschaft auch der Fall ist.[64] Er begründet dies wesentlich damit, dass andernfalls die Arbeitswertlehre auch in
jeder anderen Gesellschaftsform gültig wäre und also gerade
nicht nur in der kapitalistischen, wie intendiert.

Zum Verständnis dieses Motivs betrachten wir nochmals
Marx' elementare Wertgleichung:

x Ware A = y Ware B

Im Sinne der Arbeitswertlehre drückt sie aus, dass zur Herstellung von x Ware A ebenso viel »gesellschaftlich notwendige Arbeitszeit« benötigt wird wie zur Herstellung von y
Ware B, also beispielsweise zehn Stunden. Dass Arbeitszeit

irgendwie wertbestimmend ist, erscheint plausibel vor dem Hintergrund, dass »Gegenstände« von hohem Gebrauchswert, wie die Luft zum Atmen, zu deren Verfügung überhaupt nicht gearbeitet werden muss, ökonomisch auch nichts wert sind. »Gesellschaftlich« muss die wertbestimmende Arbeitszeit deshalb sein, weil in einer reinen Subsistenzwirtschaft, wo jeder Mensch sich privat selbst versorgen kann, die Arbeitszeit, die jemand dafür benötigt, irrelevant ist. Nur wo (auch) *für andere* produziert wird, kann sinnvollerweise die Arbeitszeit ein Maß für den Wert der Produkte sein. »Notwendig« wiederum will sagen, dass ja nicht sein kann, dass ein Produkt umso wertvoller wird, je länger man sich bei seiner Herstellung Zeit lässt. Wenn für andere produziert wird, ist allein die Arbeitszeit relevant, die auf dem erreichten Stand der Arbeitsproduktivität im Durchschnitt auch wirklich benötigt wird.

All dies aber mag auch zu vorkapitalistischen Zeiten gültig gewesen sein und vielleicht auch in einer zukünftigen kommunistischen Gesellschaftsordnung noch gelten. Man sollte nämlich meinen, dass nach der Arbeitswertlehre überall, wo gesellschaftlich produziert wird – und eben nicht nur dort, wo anschließend auch Warentausch stattfindet –, die gesellschaftlich notwendige Arbeitszeit wertbestimmend ist. Gerade dann, wenn kein Markttausch stattfindet – also etwa in einer kommunistischen Gesellschaft, in der die Produkte nicht getauscht, sondern nur verteilt werden –, kommt doch eine simmelsche Angebot-und-Nachfrage-Theorie erst recht nicht infrage, sodass man denken könnte, dass gerade dort die Arbeitszeit das Maß für den gesellschaftlich angemessenen Verteilungsschlüssel ist. Nach Marx aber gilt die Arbeitswertlehre ausschließlich in der kapitalistischen Gesellschaftsordnung, das heißt nur in der warenproduzierenden Gesellschaft: »Um Ware zu werden [um also (Arbeits-)Wert zu haben], muß das Produkt dem andern, dem es als Gebrauchswert dient, durch den Austausch übertragen werden.«[65]

Deshalb versteht Marx seine Wertgleichung in einem anderen, eigentümlichen Sinn. Als äquivalente Formulierung für die Gleichung »x Ware A = y Ware B« gibt er nämlich immer wieder eine ganz andere Formulierung an, etwa diese: »20 Ellen Leinwand sind 1 Rock wert«.[66]

Sie unterscheidet sich von der ersten Formulierung zunächst darin, dass sie keine symmetrische Gleichung mehr ausdrückt. Marx sagt, dass die beiden Waren hier tatsächlich zwei verschiedene Rollen ausüben; die eine Ware (Leinwand) steht in »relativer Wertform«, die andere dagegen in »Äquivalentform«. Dies wiederum bedeutet, dass gar nicht mehr zwei Waren *bewertet* werden, wie noch zuvor, sondern nur noch eine, nämlich die Leinwand. Der Rock hingegen wird nicht bewertet, sondern dient als Wertausdruck: »Die Leinwand drückt ihren Wert aus im Rock, der Rock dient zum Material dieses Wertausdrucks.«[67]

Man hat den Eindruck, dass die Arbeitswertlehre außer Kraft gesetzt wird, da offenbar gar nicht mehr die zur Herstellung von Leinwand und Rock benötigte Arbeitszeit das Wertmaß ist, sondern eben 1 Rock. Wenn man beispielsweise sagen würde, was offensichtlich keiner tut, dass 2 Birnen 1 Apfel schwer sind, dann wird das Gewicht von Birnen und Äpfeln gerade nicht in Gramm oder dergleichen gemessen, sondern das der Birne in Apfel. Die ganze Wert- und Geldtheorie von Marx aber lebt von dieser Formulierung der Wertgleichung, und zwar gerade unter Aufrechterhaltung der Arbeitswertlehre. Werner Becker (1972) sieht darin – also in der Identifizierung der beiden Formulierungen unter Aufrechterhaltung ihrer Bedeutungsdifferenz – den Ausdruck von hegelschem Irrationalismus in der marxschen Wertlehre.[68]

Hier soll nur deutlich werden, *warum* Marx so vorgeht.

Dazu ist nun darauf einzugehen, was der dem Tauschwert zugrunde liegende Wert eigentlich ist. Er entspringt ja nicht dem Tausch, wie bei Simmel, da für Marx eben umgekehrt eine Ware nicht durch Tausch wertvoll wird, sondern überhaupt nur tauschbar ist, weil sie bereits vor dem Tausch einen Wert hat. Dasjenige Gesellschaftliche, das dem Tausch vorausgeht und wo der Wert gebildet wird, ist für Marx die *Produktion*. Als Arbeitsprodukt hat eine Ware einen absoluten Wert. Als eine Qualität kann dieser Wert jedoch nicht die zur Herstellung der Ware verbrauchte Arbeitszeit sein. Arbeitszeit ist für Marx etwas rein Quantitatives und bestimmt allein die Wertgröße. Schon deshalb kann die einfache, symmetrische Wertgleichung in ihrem üblichen Verständnis nicht vollständig ausdrücken, was Marx im Sinn hat. Arbeitszeit alleine würde die Größe des ökonomischen Wertes gar nicht erfassen.[69]

Denn betrachten wir ein Produkt einmal rein als Gebrauchswert, etwa einen Tisch. Auch dieser Gegenstand, der also keine Ware ist, weil er etwa rein privat in Selbstversorgung erzeugt und benutzt wird, ist ein Arbeitsprodukt. Man findet Tische ja in der Natur nicht einfach vor. Auch für ein solches Produkt gilt also, wenn man überhaupt so reden will (wie es Marx ständig tut), dass sich in ihm menschliche Arbeit vergegenständlicht hat: konkrete, physische Tischlerarbeit. Auch diese Arbeit lässt sich in ihrer Größe bestimmen, auch hier kann man von »geronnener Arbeitszeit« sprechen, die nun in diesem Gegenstand steckt. Ein Maß für ökonomische Wertgröße ist Arbeitszeit laut Marx aber eben nur dann, wenn sie gesellschaftlich verbraucht wurde, und also, denkt Marx, muss auch der physischen, konkreten Tischlerarbeit *gesellschaftliche* Arbeit zur Seite gestellt werden. Die konkrete Arbeit erzeugt keinen Wert. Gebrauchswerte sind, wie bereits zitiert, vor allem von *verschiedener* Qualität, wie auch die konkrete Tischlerarbeit qualitativ von der konkreten Schneiderei unterschieden ist. Waren aber sind, ökonomisch betrachtet, nur von *gleicher* Qualität, sodass sich diesbezüglich nur gleiche, *abstrakte* Arbeit in ihnen vergegenständlichen kann.[70] Es ist solche abstrakte Arbeit, welche nach Marx den ökonomischen Wert der Waren bildet. Was aber ist »abstrakte« Arbeit?[71]

Marx umschreibt den Begriff der abstrakten Arbeit auch folgendermaßen: »Der Wert der Ware aber stellt menschliche Arbeit schlechthin dar, Verausgabung menschlicher Arbeit überhaupt.«[72] Gerade solche Formulierungen verunklaren die Sache allerdings eher, weil »schlechthin« und »überhaupt«, insbesondere hier in Verbindung mit »Verausgabung«, daran denken lassen, dass abstrakte Arbeit physische Arbeit *im Allgemeinen* wäre. So wie Sokrates in den platonischen Frühdialogen nach dem Allgemeinen suchte, als er seine Gesprächspartner fragte, was etwa Personen gemeinsam hätten, die wir allesamt »tapfer« nennen, könnte Marx fragen, was denn Tischlerarbeit und Schneiderei gemeinsam sei, sodass wir sie berechtigterweise beide »Arbeit« nennen können. Die Antwort könnte dann lauten, wie Marx auch zuweilen formuliert, dass in beiden Fällen physische Energie und Hirnschmalz verbraucht werden. Allein auf diese Weise gelangt man aber in keine gesellschaftliche Kategorie; auch in der Subsistenzwirtschaft kann man in all den konkreten, physischen Arbeiten etwas Allgemeines erblicken und dieses Allgemeine dann »abstrakte Arbeit« nennen.

Das kann Marx nicht meinen. Insbesondere will er ja sagen, dass sich diejenige gemeinte abstrakte Arbeit selbst dann nicht als Wert in den Arbeitsprodukten materialisiert, wenn bereits oder wieder gesellschaftlich, aber nicht kapitalistisch produziert wird. Wie gesagt: Nur in der kapitalistischen Gesellschaftsform werden Produkte zu Waren, nur dort materialisiert sich also abstrakte Arbeit als ökonomischer Wert in den Produkten. Konkrete Arbeit dagegen materialisiert sich in den Arbeitsprodukten einer jeden Gesellschaftsordnung und ebenso die vermeintlich abstrakte Arbeit, die lediglich solche konkrete Arbeit im Allgemeinen wäre.

Es kommt darauf an, dass für den Austausch produziert wird, auf den »inneren Zusammenhang zwischen Wert und Wertform oder Tauschwert«[73]. Wenn sich abstrakte Arbeit in einem Produkt materialisiert, so die Idee, dann ist sie dort *in nichts* von dem unterschieden, worin sich die konkrete Arbeit materialisiert. Also muss sie – die materialisierte abstrakte Arbeit: der Wert – »erscheinen«, und zwar genau so, wie es im Tausch geschieht. Der Wert einer Ware muss sich »ausdrücken«, nämlich als *relativer* in der *Naturalform* einer anderen Ware. Dann und nur dann, wenn er sich im Gebrauchswert der Ware B ausdrückt, ist der Wert der Ware A von allem unterschieden, was *ihren* Gebrauchswert ausmacht. Zum Ende, wenn an der Stelle der besonderen Äquivalentform (also anstelle des Rocks) das Geld als allgemeines Äquivalent steht, ist der Wert der Ware A von *jedem* Gebrauchswert unterschieden, weil er eben dann in etwas zum Ausdruck gebracht wird, was gar keinen Gebrauchswert mehr hat.

Dies erklärt zunächst, warum Marx meint, dass eine scheinbar trivial-wahre Wertgleichung wie »20 Ellen Leinwand = 20 Ellen Leinwand« überhaupt kein Wertausdruck ist[74] – weil dort eben der Wert der Ware Leinwand von ihrem Gebrauchswert gerade nicht unterschieden ist. Und es erklärt vor allem, warum keinesfalls unter Suspendierung der Arbeitswertlehre, sondern recht eigentlich als Konsequenz seiner eigentümlichen Arbeitswertlehre die Wertgleichung die eigentümliche Formulierung »x Ware A ist y Ware B wert« annehmen muss. Nur so kommt zum Ausdruck, was Marx sagen will: Der absolute Wert muss als relativer erscheinen; er lässt sich vom Gebrauchswert nur unterscheiden, wenn er in einer anderen Ware zum Ausdruck kommt. Auf diese Weise werde sowohl verschleiert, dass der Wert Gesellschaftliches ist – denn nun wird er gerade dinglich, in der Naturalform einer anderen Ware ausgedrückt –, als auch, dass seine Wertgröße eigentlich gesellschaftlich notwendige Arbeitszeit ist – denn nun erscheint sie als Warenmasse.

Das Konstrukt des inneren Zusammenhangs zwischen Wesen (Wert) und Erscheinung (Tauschwert) kulminiert so im »Fetischcharakter der Ware«, das heißt in Marx' prinzipieller Kritik an der warenproduzierenden Gesellschaft.[75] Wenn der Wert als Tauschwert erscheinen *muss*, dann bedeutet dies, dass das gemeinte Gesellschaftlich-Allgemeine (die abstrakte Arbeit), also der Wert, die gesellschaftliche Arbeit *privater* Produzenten ist. Denn nur privatwirtschaftlich wird für einen Markt (für den Austausch) produziert. Darin – in der gesellschaftlichen Produktion einerseits und der privaten Aneignung ihrer Erträge andererseits – sieht aber Marx bekanntlich den grundlegenden, »aufzuhebenden« Widerspruch der kapitalistischen Gesellschaftsordnung. Dieser Widerspruch ist es, der sich im sogenannten Gegensatz von Wert und Gebrauchswert innerhalb jeder Ware wiederholt, aber im Tausch verdeckt bleibt[76]: »Der in der Ware eingehüllte innere Gegensatz von Gebrauchswert und Wert wird also dargestellt durch einen äußeren Gegensatz, d.h. durch das Verhältnis zweier Waren, worin die eine, *deren* Wert ausgedrückt werden soll, unmittelbar nur als Gebrauchswert, die andre Ware hingegen, *worin* Wert ausgedrückt wird, unmittelbar nur als Tauschwert gilt.«[77]

Wohlgemerkt: Es handelt sich hier nicht um einen Widerspruch, der sich nur im Geiste irregeleiteter Wirtschaftssubjekte befände – und also durch Aufklärung verschwinden könnte –, sondern um einen »real existierenden«, der aber nach hegelianischer Lehre objektiv nicht *bestehen* bleiben kann. Er muss und wird aufgehoben werden, hinein (bzw. hinauf) in eine nicht mehr warenproduzierende, kommunistische Gesellschaftsordnung.[78] Das Ende der kapitalistischen Produktionsweise und der revolutionäre Übergang in den Kommunismus sind also aus dialektisch-logischen Gründen unvermeidlich. Es erstaunt vielleicht, dass nach dieser Lesart weder die »Ausbeutung« der Arbeiter bei der Mehrwertproduktion ein moralisches Motiv noch die finale Krise, in welche der Kapitalismus aufgrund des »tendenziellen Falls der Profitrate« hineinlaufe, das theoretisch-zwangsläufige Motiv seiner Abschaffung ist. Solche Aspekte erscheinen allenfalls als Folgen des grundsätzlichen »Übels«, das sich in der Ware bzw. in der Warenproduktion als solcher verbirgt.

Der Wert und das Geld

Das vorgeblich »dialektische« Verhältnis zwischen Ware und Wert begründet den »inneren Zusammenhang« zwischen Ware und Geld, der Marx und Simmel entscheidend voneinander trennt. Ausgehend vom einfachen Warentausch schildert Marx in den ersten Kapiteln des *Kapitals* eine Art zwangsläufigen Übergang zum Geld. Er will zeigen, dass der Wert zwangsläufig in Geldform auftritt und also die Arbeitszeit in kapitalistischen Produktionsverhältnissen zwangsläufig als Preis erscheint. Für Marx kann es im Gegensatz zu Simmel keinen prämonetären Warentausch geben, also keine Marktwirtschaft ohne Geld(-gebrauch).

Geld ist »allgemeines Äquivalent«, die Äquivalentform des einfachen Warentausches also die Vorform des Geldes. In Äquivalentform stand zunächst der Rock: »20 Ellen Leinwand sind 1 Rock wert.« Um nachzuvollziehen, was Geld sein soll, ist daher ein genaueres Verständnis der Äquivalentform nötig. Bereits jetzt ist aber deutlich: Wenn anstelle des Rocks das Geld tritt und anstelle der Leinwand jede beliebige Ware gesetzt werden kann, deren Wert dann im Geld ausgedrückt wird, so folgt, dass Waren nach Marx zwingend *monetär bestimmte* Waren sind. Denn es war ja »hergeleitet«, dass der Wert einer Ware (zum Beispiel Leinwand) in der Naturalform von etwas anderem (jetzt: Geld) ausgedrückt werden *muss*. Dass andererseits das Geld, so gefasst, selbst eine Ware sein muss – die »Geldware« bzw. die Ware Geld –, zeigt die Betrachtung der Äquivalentform. Dann aber sind alle Waren geldartig und Geld warenförmig, sodass »Ware« und »Geld« sich wechselseitig zu bestimmen drohen. War bei Simmel das Geld bloß ein Stellvertreter (des Tauschwerts) der Waren und werden bei Keynes (und Heinsohn/Steiger) die Waren zum Stellvertreter des Geldes, droht bei Marx die zirkuläre wechselseitige Stellvertreterschaft.

Doch zunächst zur Äquivalentform: Sie ist nach Marx durch drei »Eigentümlichkeiten« charakterisiert, die den behaupteten inneren Gegensatz der Waren verdeutlichen sollen.[79] Zunächst wird (im Rock) »Gebrauchswert [...] zur Erscheinungsform seines Gegenteils, des Werts«, dann »konkrete Arbeit zur Erscheinungsform ihres Gegenteils, abstrakter menschlicher Arbeit«, und schließlich »Privatarbeit zur Form ihres Gegenteils [...], zu Arbeit in unmittelbar gesellschaftlicher Form«. Die physischen Eigenschaften des Rocks konstituieren seinen Gebrauchswert, er wird zu diesem Zweck erzeugt durch konkrete, physische Arbeit (Schneiderei), die sich in ihm vergegenständlicht, und zwar durch Privatarbeit, weil die Produktionsmittel nicht gemeinschaftlich sind. Wert, die gleiche Qualität aller Waren, und (also) abstrakte Arbeit, das Gesellschaftlich-Allgemeine, stehen hier im Gegensatz des Allgemeinen zum Besonderen. Das Besondere wird zur Erscheinungsform des Allgemeinen, weil das Allgemeine – die materialisierte abstrakte Arbeit – keine zusätzliche, nichtnatürliche Eigenschaft der Ware ist. Es müssen daher die schon vorhandenen, natürlichen Eigenschaften ihre Form annehmen: ein »dialektischer« Widerspruch, der aufzuheben ist. Nehmen wir das einmal hin, stellt sich aber doch die Frage, wieso der Rock in *dieser* Rolle überhaupt als (Tausch-)Wert gilt. Man mag also Marx darin folgen, dass die Ware in relativer Wertform (die Leinwand) ihren Wert nur im Gebrauchswert (in der Naturalform) einer anderen Ware ausdrücken kann, weil andernfalls ihr Wert von ihrem Gebrauchswert überhaupt nicht unterschieden wäre. Unplausibel aber erscheint, dass die Ware, in der ihr Wert ausgedrückt wird, das heißt die Ware in Äquivalentform (der Rock), nicht eben *bloß* als Gebrauchswert gilt, warum sie gar vor allem als Tauschwert fungieren soll. Denn ein Ausdruck für etwas muss doch keineswegs von derselben Art sein wie dasjenige, was er ausdrückt; das Wort »Apfel« muss nicht selbst apfelhaltig sein, also braucht der Gebrauchswert des Rocks auch nicht die Erscheinungsform des Werts annehmen, um den Wert der Leinwand auszudrücken.

Auf diesen Einwand reagiert Marx so wie zuvor. Wir hatten gesehen, dass Marx in der Frage des Längenvergleichs zweier Linien die gegenteilige Ansicht von Simmel vertritt. Die gemeinsame Dimension der Größe sei Voraussetzung jeder Messung, so auch der gemeinsame Wert der Waren Voraussetzung des Tausches, während das eine wie das andere für Simmel das Resultat ist. In Bezug auf Maßstäbe vertrat Simmel anschließend die Auffassung, dass ein Maß für Längen keineswegs selbst lang sein muss und somit auch ein Maß für Werte nicht selbst wertvoll. Geld könne seine Rolle als Recheneinheit (Wertmesser) sehr wohl auch dann erfüllen, wenn es nicht selbst einen Wert hat. Anders Marx[80]:

Ein Gewichtsmaß müsse schwer sein, könnte es doch sonst seine Aufgabe nicht erfüllen. Und ebenso müsse daher das Geld als allgemeines Äquivalent, als Wertmaß, selbst einen Wert haben – etwas, was im Unterschied zu jeder physischen Dimension allerdings etwas rein Gesellschaftliches sei. Der Zwang, dass der Gebrauchswert des Rocks – letztlich: die Naturalform des Geldes – zur Erscheinungsform seines Gegenteils, des Werts, wird (usw.), rührt also daher, dass für Marx der Rock (das Geld) als Wertmaß selbst Wert haben muss. Wiederum gilt, dass gerade in der unüblichen Formulierung »x Ware A ist y Ware B wert« die Arbeitswertlehre voll in Anschlag gebracht werden muss. Das Geld als allgemeines Äquivalent ist selbst wertvoll, hat selbst Wert, sodass der marxschen Arbeitswertlehre gemäß Geld selbst ein Arbeitsprodukt sein muss, in das sich abstrakte Arbeit vergegenständlicht hat. Geld ist (auch) eine (zwar: besondere) Ware.

Seine Analyse der Ware zusammenfassend, präsentiert Marx daraufhin im Abschnitt zum »Austauschprozess« die viel diskutierte Kurzfassung seines Arguments gegen den prämonetären Warentausch. Nehmen wir an, es gäbe einen Markttausch ohne Geld, wie es neoklassische Tauschtheoretiker für denkbar halten, dann gelte: »Sehn wir näher zu, so gilt jedem Warenbesitzer jede fremde Ware als besondres Äquivalent seiner Ware [dem Leinwandbesitzer der Rock, die Kuh usw.], seine Ware daher als allgemeines Äquivalent aller andren Waren. Da aber alle Warenbesitzer [Rockbesitzer, Kuhbesitzer usw.] dasselbe tun, ist keine Ware allgemeines Äquivalent und besitzen die Waren daher auch keine allgemeine relative Wertform, worin sie sich als Werte gleichsetzen und als Wertgrößen vergleichen. Sie stehn sich daher überhaupt nicht gegenüber als Waren, sondern nur als Produkte oder Gebrauchswerte.«[81]

Dies ist eine Reductio ad absurdum: Die hypothetische

Annahme des prämonetären Tausches führt in einen logischen Widerspruch.[82] Jedenfalls auf Basis der marxschen Arbeitswertlehre: Denn dann spielen die Waren im Tausch verschiedene Rollen. In relativer Wertform tritt die Ware auf, deren Wert ausgedrückt wird, und als (besonderes) Äquivalent diejenige, in der der Wert ausgedrückt wird. Eine Ware auf einem richtigen Markt mit vielen Warenbesitzern anzubieten, heißt dann insbesondere, einen Wertausdruck für alle anderen Waren zu präsentieren; man bietet gewissermaßen ein allgemeines Äquivalent an, in dem alle anderen Warenbesitzer den Wert ihrer Waren ausdrücken können. Das kann aber nicht funktionieren, weil eben jeder Warenbesitzer dasselbe tut und *allgemeines* Äquivalent nur *eine* Ware sein kann oder keine. Der Warentausch scheitert, aus der Wertgleichung »x Ware A = y Ware B« wird die Gleichung des bloßen »Produkttauschs«: »x Gebrauchsgegenstand A = y Gebrauchsgegenstand B«.

Der tatsächlich stattfindende kapitalistische Markttausch gelingt nach Marx nur deshalb, weil eine zusätzliche Ware »externalisiert« wird, die also den internen Tausch konsumierbarer Waren erst ermöglicht: das Geld. Die Warenbesitzer »können ihre Waren nur als Werte und darum nur als Waren aufeinander beziehn, indem sie dieselben [Leinwand, Rock, Kuh usw.] gegensätzlich auf irgendeine andre [zusätzliche] Ware als allgemeines Äquivalent beziehn [Geld]. Das ergab die Analyse der Ware.«[83]

Als Slogan: »Keine Ware ohne Geld!« Das Ergebnis ist aber notorisch doppeldeutig: Es besagt zunächst nur, dass Waren stets mit Geld auftreten (müssen), impliziert aber nichts darüber, was als grundlegend anzusehen ist und was daraus abgeleitet wird. »Kein A ohne B« kann sowohl bedeuten, dass A die Voraussetzung für B ist, als auch, dass A das (notwendige) Resultat von B ist. Bislang kann also entweder die Existenz von Geld den Warentausch induzieren oder aber das Geld aus dem Tausch (zwingend) sich ergeben. Marx legt zwar nahe, dass die »Analyse der Ware« eine Bedingung ihrer Möglichkeit ergab (nämlich: Geld), ebenso wie zuvor die »Analyse des Tausches« die Produktion als seine Voraussetzung ergab, wo ja der Wert der Waren als Bedingung für ihre Tauschbarkeit erzeugt wird. Aber eigentlich kann er das nicht meinen: Denn wenn Geld eine Voraussetzung der Ware ist, dürfte es nicht selbst als Ware gefasst werden. Der Wert des Geldes müsste von eigentümlicher Art sein, so wie später bei Keynes die »Liquiditätsprämie« ein *nur* dem Geld inhärenter Wert ist. Laut Marx ist aber der Wert des Geldes ebenso gesellschaftlich-abstrakte Arbeit wie der Wert aller anderen Waren. Es ist eben dieser eine Wert, der auch in Geldform auftreten muss. Geld setzt also seine eigene (Waren-)Produktion voraus – etwa bei der Goldförderung.

So spricht Marx auch von der »Genesis dieser Geldform«[84], die seine Analyse des Warentauschs ergeben habe. Im Gegensatz zu Simmel hängen bei Marx also Entstehung und Geltung des Geldes eng zusammen. Mit dieser »Genesis« aber meint Marx nun gerade nicht die Produktion von Geld in der Goldmine, sondern die logisch-historische Ableitung des Geldes aus der einfachen Wertgleichung, die er in den ersten Abschnitten des *Kapitals* vorführt. Geld wird somit aus der Ware bzw. aus dem Warentausch als deren Resultat deduziert. Wie bei Simmel – und im Gegensatz zu Keynes bzw. Heinsohn und Steiger – ist der Markt bei Marx also doch nicht geldgetrieben, sondern umgekehrt die Grundlage des Geldes. Marx unterscheidet sich dann von Simmel darin, dass Geld auf dieser Basis nicht »plötzlich«, also nicht willkürlich eingeführt wird, sondern sich zwingend aus dem Warentausch entwickle. Deshalb kann es kein bloßes Zeichen sein, wie bei Simmel, das durchaus überflüssig wäre. Plausibel erscheint vielmehr, dass Geld als zwingendes logisches Resultat der Ware selbst eine Ware ist.

In der Marx-Literatur hingegen wird immer wieder behauptet, dass auch hier hegelsche Dialektik am Werke sei. Das einfache Verhältnis zweier Waren sei nämlich keinesfalls ein elementarer Teil, woraus sich das komplexe Ganze (also die Geldwirtschaft) konstituiere. Vielmehr ist die elementare Form (x Ware A = y Ware B) nur vom Ganzen her verständlich, Ware also nur durch Geld zu erklären.[85] Vielleicht ließe sich diese drohende Zirkularität noch dadurch vermeiden, dass man zwischen ontologischer und explanatorischer Abhängigkeit unterscheidet: Geld wäre dann ontologisch (in seiner Existenz) von der Ware abhängig, diese aber explanatorisch (in unserem Verständnis von ihr) vom Geld. Doch gilt dies allenfalls für Geld als *Zirkulationsmittel*, also für den geldvermittelten Warentausch: W–G–W. Zentral für Marx ist allerdings, so sollte man wohl meinen, das Geld als *Kapital*, der durch Investition von Geld in Produktionsmittel und Arbeitskräfte »sich selbst verwertende, sich vermehrende Wert«: G–W–G'.[86] Spätestens hier, so sollte man denken, ist Geld ontologisch gegenüber Warenproduktion und -tausch primär. Seine Existenz ist offenbar vorauszusetzen, um erklären zu können, dass Profit (G' = G + Mehrwert) gemacht wird.

Doch auch als Kapital ist Geld Marx zufolge eine Ware, für die die Arbeitswertlehre ebenso gilt wie für alle anderen Waren. Daher ist die Behauptung von Petersen/Faber falsch, dass bereits Marx das Geld (als Kapital) auf *Kredit* aufbaute und als *Schuldentilgungsmittel* verstünde.[87] Wer im Sinne von Keynes sowie Heinsohn und Steiger behauptet, es basiere nicht etwa der Kredit auf dem Geld, sondern umgekehrt das Geld auf dem Kredit, muss mitbehaupten, dass Geld durch Kredit, also *durch* Vertrag (Gläubiger-Schuldner-Kontrakt) entstehe. Bei Marx aber entsteht Geld durch *Arbeit* – alles andere würde seine Arbeitswertlehre außer Kraft setzen, die er aber durchgehend für gültig hält. Entsprechend kennt Marx einen Kredit ausschließlich als Geld*verleih*. Jemand, der längst ein Geldbesitzer ist – durch »ursprüngliche [vorkapitalistische] Akkumulation« (Kornkammer, Goldschürfe) –, wird ein Gläubiger, indem er sein wertvolles Geld aus der Hand gibt; der andere, der es erhält, wird Schuldner. Wäre Geld *wesentlich* ein Schuldentilgungsmittel, müsste Marx einen Kredit als Geld*schaffung* kennen, wo jemand (eine Notenbank) zu einem Gläubiger nicht etwa dadurch wird, dass er bereits vorhandenes Geld weitergibt, sondern dadurch, dass er Geld direkt in die Hände des Schuldners emittiert. Geld hätte dann einen Wert, der gerade nicht als gesellschaftlich-abstrakte Arbeit aufzufassen wäre.

Beruhte das marxsche Kapital-Geld auf einem geld*schaffenden* Kredit, gäbe es zudem zwangsläufig Zins, wie im 3. Kapitel noch erläutert wird. Zwar behandelt Marx ausführlich das »zinstragende Kapital«[88], doch wird ebendort auch deutlich, dass für ihn die Existenz des Zinses eine historische Zufälligkeit ist. Nur deshalb, weil historisch zufällig der produktive Unternehmer-Kapitalist nicht identisch ist mit dem »Geldbesitzer«, ist jener gezwungen, sich von diesem Geld zu leihen und dafür Zins zu zahlen. Er teilt sich dann mit dem Geldbesitzer den erzielten Profit.[89] Wesentlich ist das aber nicht: Wären Geldbesitzer und Unternehmer-Kapitalisten – ebenso historisch zufällig – dieselben Personen, wäre der geldverleihende Kredit überflüssig. Kapitalismus, profitorientierte Warenproduktion, gäbe es dennoch: »[H]ierin zeigt sich, wie die Kategorie des Zinses [...] der Bewegung des industriellen Kapitals an sich fremd ist.«[90] »Es ist in der Tat nur die [historisch zufällige] Trennung der Kapitalisten in Geldkapitalisten und industrielle Kapitalisten, die einen Teil des Profits in Zins verwandelt, die überhaupt die Kategorie des Zinses schafft.«[91] Nach Marx gibt es daher zwar prinzipiell keine geldlose Marktwirtschaft, wohl aber ist eine zinslose Geldwirtschaft denkbar.

Abgesehen davon, dass die Anwendung der Arbeitswertlehre auf die Ware Geld in ihrem *quantitativen* Sinne äußerst unplausibel erscheint – da die gesellschaftlich notwendige Arbeitszeit zur Herstellung von 100 Euro zehnmal so groß sein müsste wie die zur Herstellung von 10 Euro[92] –, ist der Hauptkritikpunkt daher dieser: Die Auffassung des Geldes als Ware im *qualitativen* Sinne kann nicht verständlich machen, was sich doch gerade heutzutage als Wesensmerkmal kapitalistischen Wirtschaftens zeigt: dass nämlich *Schulden* sowohl die produktiv-treibende Ursache als auch der Grund für Krisen sind. Gegen Marx werden Keynes sowie Heinsohn und Steiger Marktwirtschaft und insbesondere ihre Krisen durch die Zinslast erklären, die diesen Theorien zufolge jeder Geldwirtschaft tatsächlich *immanent* ist.

Der Mehrwert und die Krise

Eine andere Marx-Lektüre fokussiert stärker die marxsche Mehrwerttheorie. Das »Geheimnis der Plusmacherei«[93] zu lüften, ist eines der Hauptziele des *Kapitals,* und bekanntlich beruht es nach Marx wesentlich auf der Ausbeutung des Arbeiters durch den Unternehmer-Kapitalisten. Nur über Arbeit kann Profit (Mehrwert) erzeugt werden. Das »sich selbst verwertende, sich vermehrende« Kapital (Geld) hat demnach eine innere Tendenz, immer mehr Arbeit auszunutzen, um immer mehr Profit zu machen. Es gibt aber aufgrund der innerkapitalistischen Konkurrenz zwischen verschiedenen Produzenten/Anbietern auch die Tendenz, die Produktionskosten durch technischen Fortschritt immer weiter zu senken. Entgegen der Intuition, dass die Erhöhung der Produktivität Arbeit effizienter (profitabler) machen sollte, fasst Marx diese Tendenz als gegenläufig auf. Immer höhere Produktivität mache Arbeit immer weniger nötig, sodass die Profitrate tendenziell falle. Das Fallen der Profitrate löst, so Marx, periodisch Krisen aus und führt langfristig in eine finale Krise der kapitalistischen Produktionsweise: »Die *wahre Schranke* der kapitalistischen Produktion ist *das Kapital selbst*«[94], das an dem inneren Widerspruch, einerseits möglichst viel Arbeit zu benötigen, andererseits Arbeit immer mehr wegzukonkurrieren, scheitere. Marx' Gesetz vom »tendenziellen Fall der Profitrate« ist höchst umstritten[95], scheint aber gerade durch die Internet- und Kommunikationstechnologie der letzten 25 Jahre gestützt zu werden.[96]

Seit Mitte der 1980er-Jahre, so die Idee, scheitern keynesianische Programme der Geldmengenerhöhung zur Ankurbelung der Konjunktur gerade deswegen, weil die Produktivität auf einem so hohen Stand sei, dass immer weniger (mehrwerterzeugende) Arbeit zur Verfügung stehe. Die durch die neuen Technologien geschaffenen, neuartigen und hochbezahlten Arbeitsplätze seien zahlenmäßig sehr viel niedriger als diejenigen, die in den alten, arbeitsintensiven Industrien (Chemie-, Automobil- und Schwerindustrie) weggefallen sind. Diese unumkehrbare Entwicklung führe verstärkt dazu, dass das Kapital in den Finanzsektor flüchte, dort aber letztlich nur Blasen erzeugen könne, die schließlich platzen müssen. Gerade Japan (1989 ff.) und USA/Europa (2007 ff.) seien beste Beispiele für die marxsche Krisentheorie. Sie beruht theoretisch offensichtlich auf der Behauptung, dass Profit *nur* über den Faktor Arbeit erzeugt werden kann, dass also überhaupt Arbeit der allein wertbestimmende Faktor ist. Diese Behauptung kritisch nachzuvollziehen, ist das erste Ziel dieses Abschnittes.

Dann aber fällt auf, dass es Marx fast ausschließlich darum geht, wo und wie der Mehrwert *erzeugt* wird. Dass er auf dem Markt auch *realisiert* werden muss, ist für ihn eher selbstverständlich und offenbar keiner ausführlichen Erörterung wert. Die Nachfrageseite bleibt nahezu unberücksichtigt. Das Problem, auch Käufer für die mehrwertbelasteten Waren zu finden, ist aber meines Erachtens tatsächlich so bedeutsam, dass es geradezu irrelevant erscheint, wie der Mehrwert erzeugt wird (ob überhaupt durch Arbeit). Die Kritik an der marxschen Krisentheorie wird hier also eine prinzipielle sein.

Doch zunächst zur marxschen These, dass Profit nur über Arbeit erzeugt werden kann. Marx meint, dass die Kapitalformel, kurz: G–W–G' (wo Geld investiert wird – also Waren gekauft werden –, um durch Verkauf von Waren mehr Geld zu erlösen), auf der Ebene der Zirkulation (des Tausches) allein unverständlich ist. Denn Markttausch ist, wirtschaftlich gesehen, ein Äquivalententausch: Nur bezüglich des Gebrauchswerts entsteht für die Tauschenden ein Gewinn, insofern sie nach dem Tausch eben den Gebrauchswert konsumieren können, den sie auch begehren. Bezüglich des ökonomischen Werts jedoch ist die Wertsumme nach dem Tausch exakt gleich der Wertsumme vor dem Tausch (ebenso bei Simmel). Der Kapitalist muss daher die Zirkulationssphäre verlassen; er kann es bei seiner Investition nicht nur auf den Tauschwert der Waren abgesehen haben. Folglich zielt er auf ihren Gebrauchswert, auf die Konsumtion der erworbenen Waren: Mehrwert kann allenfalls in der Produktionssphäre erzeugt werden.

Weder der Gebrauchswert des Rohmaterials noch der Gebrauchswert der Maschinen könne aber zusätzlichen Wert erzeugen: Denn dass Baumwolle und Spindel im Spinnprozess eine Verbindung eingehen, statt ruhig nebeneinanderzuliegen, ändere nur ihre Gebrauchsform (Garn entsteht), berühre ihren Wert aber ebenso wenig, als wenn man sie direkt gegen Garn austauschen würde.⁹⁷ (Hiergegen wird eingewendet, dass frischer Traubensaft allein dadurch, dass er ruhig gelagert wird, an Wert gewinne; er vergärt zu teurem Wein.) In voll automatisierter Produktion würde daher der Wert der Produktionsmittel einfach nur auf die produzierten Waren übertragen werden. Nur ein solcher Gebrauchswert, dessen Konsumtion selbst Wert schafft, kann zusätzlichen Wert (Mehrwert) erzeugen. Nach der Arbeitswertlehre gibt es aber überhaupt nichts anderes, was Wert erzeugt, als allein die Arbeit, sodass nach Marx der Kapitalist nur Gewinn machen kann, wenn er auf dem Warenmarkt eine Ware vorfindet, deren Gebrauchswert zu konsumieren wertschaffende Arbeit bedeutet: die Ware Arbeitskraft. Der Kapitalist ist daher darauf angewiesen, dass es Leute gibt, die ihm willentlich oder notgedrungen ihre Arbeitskraft verkaufen: die freien Lohnarbeiter. (Notabene: Ein Sklave kann dies nicht; er ist nicht Besitzer der Ware Arbeitskraft, sondern selbst eine Ware und ginge ins Eigentum des Kapitalisten über wie eine Maschine. Eine Sklavenhaltergesellschaft erzeugt keinen Mehrwert.⁹⁸)

Die Arbeitskraft als Ware aufzufassen, bedeutet, dass sie eine ebensolche Einheit von Gebrauchswert und Wert ist wie jede andere Ware. Ihre Besonderheit ist, dass die Konsumtion ihres Gebrauchswerts ihrerseits Quelle von Wert ist, der von dem Wert, den die Arbeitskraft als Ware besitzt, (qualitativ wie quantitativ) zu unterscheiden ist. Der Mehrwert entspringt dann aus der Differenz der beiden Tauschwerte: desjenigen Tauschwerts, den die Arbeitskraft besitzt, und desjenigen, den der Verbrauch der Arbeitskraft schafft. Entsprechend der Arbeitswertlehre bestimmt sich die Wertgröße der Ware Arbeitskraft über die gesellschaftlich notwendige Arbeitszeit, die zu ihrer (Wieder-)Herstellung nötig ist. Arbeitskraft (wieder-)herzustellen, heißt für Marx, Lebensmittel im weiteren Sinne – Nahrung, Bildung, Urlaub etc. – herzustellen. Der Wert der Arbeitskraft bemisst sich somit nach der gesellschaftlich notwendigen Arbeitszeit, die zur Herstellung dieser Lebensmittel nötig ist, also vielleicht sechs Stunden pro Tag. Sie liegt faktisch unter der Zeit, die der Arbeiter arbeiten kann, sodass der Tageswert der Ware Arbeitskraft, den der Kapitalist bei ihrem Kauf entrichten muss, niedriger ist als der Wert, den die tagelange Arbeit (der Gebrauch der Arbeitskraft) schafft und den der Kapitalist durch den Verkauf der produzierten Waren erlösen kann. Es ist argumentativ klar, dass diejenige Arbeit, durch die die Arbeitskraft produziert wird[99], sich von derjenigen Arbeit, welche sie leistet, der Sache nach unterscheidet, und plausibel, dass sich auch die jeweiligen Arbeitszeiten quantitativ unterscheiden. Aber dass dieses quantitative Verhältnis derart ist, dass der Eigenwert der Arbeitskraft stets niedriger ist als ihre Leistung, ist einfach eine historische Voraussetzung, ohne die die kapitalistischen Produktionsverhältnisse nicht entstanden wären. Diese Tatsache »ist ein besondres Glück für den Käufer [der Ware Arbeitskraft], aber durchaus kein Unrecht gegen den Verkäufer«[100].

Was rechtfertigt dann den Vorwurf der Ausbeutung? Marx meint damit ja gerade nicht, dass die Kapitalisten den Arbeitern einen Lohn zahlen, der unterhalb der Reproduktionskosten ihrer Arbeitskraft läge. Er hat keine Niedriglohnempfänger vor Augen, die vollzeitbeschäftigt sind, aber »aufstocken« müssen, also zusätzlich Sozialleistungen in Anspruch nehmen müssen, um ihren Lebensunterhalt finanzieren zu können. Solche »Ausbeutung« wäre für Marx ein innerkapitalistisches Unrecht, das ihn nicht interessiert; ihm geht es ausschließlich um den (unterstellten) Normalfall, wo die Kapitalisten den der Arbeitswertlehre entsprechenden Eigenwert der Arbeitskraft korrekt entlohnen. Wir haben uns also ein wettbewerbsfähiges, florierendes Unternehmen vorzustellen, in dem im marxschen Sinne Ausbeutung stattfindet. Zu behaupten, dass dem Arbeiter eigentlich die Entlohnung desjenigen Wertes zustünde, den die Konsumtion des Gebrauchswerts seiner Arbeitskraft einbringt, widerspricht jedoch der Arbeitswertlehre. Ihr zufolge ist sie nur so viel wert, wie ihre (Wieder-)Herstellung an Arbeitszeit benötigt; und *diesen* Wert bekommt der Arbeiter auch entlohnt. Gerecht ist nach Marx, was der Produktionsweise adäquat ist, ungerecht, was ihr widerspricht.[101] Der Mehrwert aber *entspricht* der kapitalistischen Produktionsweise, weshalb »Ausbeutung« kein Vorwurf sein kann, der sich aus der Analyse des Kapitalismus logisch ergibt, wie vielleicht manche denken. Es ist vielmehr wie mit der Sklaverei: Sie ist Marx zufolge nur Unrecht »auf Basis der kapitalistischen Produktionsweise«, nicht aber auf Basis der antiken Produktionsweise. Nur aus der Perspektive der »höheren Produktionsform« ist Sklaverei also zu verurteilen. Ebenso ist nach Marx nur aus der Perspektive der kommunistischen Gesellschaftsordnung Mehrwertproduktion ein Unrecht gegen den Arbeiter: Dort würde ihm entgolten, was er leistet.

Eine Nebenbemerkung zur »Selbstausbeutung«: Im Zeitalter der Ich-AG kursiert der Vorwurf der Selbstausbeutung, die das Unternehmer-Ich (womöglich sogar: freiwillig) gegen sich vollziehe. Nimmt man das wörtlich, müsste es nach Marx bedeuten, dass ein Besitzer der Ware Arbeitskraft diese an sich selbst verkauft. Das kann aber schon deshalb nicht sein, weil ein Tausch immer einer zwischen zwei verschiedenen Warenbesitzern sein muss. Darüber hinaus müsste es hier bedeuten, dass ein und dieselbe Person zunächst sich selbst den Wert ihrer Arbeitskraft entlohnt, um anschließend den Gebrauchswert dieser Ware selbst zu konsumieren und schließlich den damit erzeugten Wert selbst auf dem Markt zu realisieren. Die Selbstausbeutung bestünde dann darin, dass der auf dem Markt erlöste Wert der eigenen

Produkte höher ist als der Lohn, den man sich gönnt, was offensichtlich absurd ist. Stattdessen gemeint sein kann doch nur, dass das Unternehmer-Ich mit derselben Arbeitskraft, die es selbstständig verbraucht, einen geringeren Profit macht, als sie wert ist. Sie würde also mehr einbringen, wenn man sie stattdessen auf dem Arbeitsmarkt verkaufte, wenn die betreffende Person also abhängig beschäftigt wäre. Dazu gezwungen zu sein, wäre für Marx wiederum nur ein ihn nicht interessierendes innerkapitalistisches Unrecht, das mit »Ausbeutung« zu bezeichnen daher nicht in seinem Sinne ist.

Eine weitere Nebenbemerkung – zum Finanzkapital, das aus Geld immer mehr Geld mache, ohne produktiv zu arbeiten: Da Mehrwert *nur* über Arbeit erzeugt werden kann, ist es nach Marx schlicht Unsinn, dass »auf Basis der kapitalistischen Produktionsweise das Kapital Zins abwerfen würde, ohne als produktives Kapital zu fungieren, d.h. ohne Mehrwert zu schaffen, wovon der Zins nur ein Teil«[102] ist.

Das Kapital muss nach der Logik von G–W–G' also immer den Weg über die Ware Arbeitskraft gehen, sodass der Geldbesitzer, der auf den Zins abzielt, auf den Unternehmer-Kapitalisten angewiesen ist, der diesen als Teil des Mehrwerts produziert bzw. produzieren lässt. Entsprechend kritisiert Marx den französischen Ökonomen Pierre-Joseph Proudhon[103], der den produktiven Hutmacher lobt, weil dieser für seine Hüte nur so viel erlöse, wie er in die Zirkulation auch hineingeworfen hat, nicht mehr und nicht weniger. Negativ bewertet Proudhon dagegen das Verhalten des verleihenden Kapitalisten, der, ohne produktiv zu sein, nicht nur sein Kapital voll und ganz zurückerhalte, sondern darüber hinaus auch noch den Zins. Dagegen erzeugt und erlöst nach Marx nur der produktive Kapitalist, und zwar eben nur über die Konsumtion des Gebrauchswerts der von ihm erworbenen Ware Arbeitskraft, einen Mehrwert. Gerade er erlöst also mehr, als er in die Zirkulation hineingeworfen hat. Der verleihende Kapitalist hingegen wirft, so Marx, überhaupt nichts in die Zirkulation, denn das würde ja bedeuten, dass er *tauscht*. Für sein Geld erhält er aber gar kein Äquivalent; er kauft keine Ware. Stattdessen gibt er Wertvolles (zeitweilig) einfach aus der Hand – nämlich die Ware Geld. Für dieses tatsächlich riskante Unternehmen der zeitweiligen Aufgabe einer wertvollen Ware wird er durch Zins entschädigt. Man muss es also klar sagen: Die Kritik am »raffenden« Geldverleiher *widerspricht* Marx' Kapitalismuskritik.

Doch nehmen wir den Faden wieder auf und kommen also zur marxschen Krisentheorie: Es ist deutlich geworden, dass Profit nur erzeugt werden kann über die Ausbeutung von Arbeitskraft. Eine Krise entsteht plausiblerweise dann, wenn die Profiterwartungen sinken. Das ist Marx zufolge genau dann der Fall – und hieran sieht man schon, dass er allein die Angebotsseite im Blick hat –, wenn die Mehrwertproduktion ins Stocken gerät. Sie tut dies, wiederum nach Marx, nicht etwa durch irgendwelche externen Faktoren – etwa infolge einer zu niedrigen Geburtenrate innerhalb der Arbeiterklasse –, sondern durch eine dem Kapital inhärente Tendenz zur Erhöhung der Produktivität. In der Konkurrenz seien die Kapitalisten ständig gezwungen, über technischen Fortschritt die Kosten zu senken. Nun könnte man, wie schon erwähnt, denken, dass Produktivitätssteigerungen die Arbeit in dem Sinne effizienter machen, dass pro Arbeitsstunde ein höherer Wert geschaffen würde. In einfachen Verhältnissen wäre Arbeit weniger profitabel als in unserer hochtechnologisierten Gesellschaft. Nicht so aber nach der Arbeitswertwertlehre: Wenn man in der Hälfte der Zeit doppelt so viele Tische herstellen kann wie zuvor, muss man auch viermal so viele verkaufen, da jeder einzelne nur noch ein Viertel des vorherigen Wertes besitzt. Je höher die

Produktivität, desto niedriger also die Stückkosten; eine (gesellschaftlich notwendige) Arbeitsstunde repräsentiert aber stets dieselbe Wertgröße. Die Mehrwertrate m, das Verhältnis zwischen dem erzeugten Mehrwert und den Gesamtarbeitskosten, lässt sich demzufolge nur steigern, indem die erhöhte Produktivität auch die Reproduktionskosten der Arbeitskraft sinken lässt. Dem jedoch sind enge Grenzen gesetzt, sodass Marx die Mehrwertrate der Einfachheit halber meist als konstant ansetzt.

Für die tatsächlich relevante Profitrate p – den Gewinn im Verhältnis zum eingesetzten *Gesamt*kapital – kommt es Marx zufolge vielmehr auf die »organische Zusammensetzung« des Kapitals an, nämlich auf das Verhältnis zwischen dem »konstanten« Kapital c – den Kosten für Rohmaterial und Maschinen – und dem »variablen« Kapital v – den Arbeitskosten. Da nun der technische Fortschritt die *Zahl* der Arbeitsplätze reduziere, falle trotz steigender Produktivität – recht eigentlich *infolge* derselben – die Profitrate. *Produktiv* und profitabel sind nach Marx folglich zwei ganz verschiedene Sachen. Marx gibt dazu die folgende Formel für die Profitrate an:

$$p = \frac{m}{(1 + {}^{c}\!/_{v})}$$

Anschließend diskutiert er im Detail naheliegende Einwände wie etwa den, dass eine allgemein erhöhte Produktivität auch die Kosten für Rohstoffe und Maschinen (c) reduziere. Es ist ja gar nicht so offensichtlich, dass das Verhältnis von konstantem zu variablem Kapital wirklich – wertmäßig – steigt.[104] Um dies zu beweisen, müsste Marx vorrechnen, wie sich gemäß der Arbeitswertlehre die tatsächlichen Preise bestimmen. Das sogenannte Transformationsproblem – der Übergang vom (qualitativen) Wert zum (quantitativen)

Preis – ist aber letztlich ungelöst, und eine Mehrheit von Marx-Kennern bezweifelt, dass das Gesetz vom »tendenziellen Fall der Profitrate« quantitativ bestätigt werden kann.[105]

Es mag zwar noch überzeugen, dass Marx auf diese Weise kurzfristige, periodisch auftretende Krisen erklären kann, nämlich im Grunde im Stile der Neoklassik: Schockartige technologische Entwicklungen (wie die Einführung der Mikroelektronik) führen zu einem plötzlichen Boom in bestimmten Branchen, in dessen Folge Kapital fehlgelenkt wird und es anschließend zur typischen Überproduktionskrise kommt. Worauf es hier ankommt, ist aber die marxsche Behauptung, dass solche vorübergehenden Depressionen den *langfristigen* Fall der Profitrate nur aufhalten[106], letztlich aber nicht verhindern könnten. Die Hauptthese ist eben die, dass der Kapitalismus zwangsläufig in eine *finale* Krise hineinlaufe, weil ihm langfristig wegen immer weiter steigender Produktivität die (auszubeutende) Arbeit ausgehe. Dass ihm die Arbeit ausgeht, heißt aber eben nur, dass v fällt. Zu zeigen wäre darüber hinaus, dass dies nicht durch den (Wert-)Verfall von c kompensiert werden kann. Denn entscheidend ist ja, dass langfristig *p* fällt (und nicht bloß v). Aber, wie eingangs gesagt: Inzwischen (im Zeitalter des Internets) spricht anscheinend einiges dafür, dass die Profitabilität des industriellen Sektors, global gesehen, tatsächlich sinkt und dass der Dienstleistungssektor und die Finanzwirtschaft diesen Ausfall nicht reibungslos kompensieren können. Die Herausforderung des Marxismus besteht aktuell jedenfalls in der These, dass seit Mitte der 1980er-Jahre keynesianische Zinssenkungen und Geldmengenerhöhungen keinen nachhaltig tragfähigen Aufschwung mehr bewirken, *weil* im Produktionssektor der Faktor Arbeit, auf dem der Mehrwert nach Marx beruht, gegen das eigene Interesse der Kapitalisten bzw. gegen das Interesse des sich selbst verwertenden Geldes einschneidend zurückgehe.

Es könnte aber nun sein, dass die Ursache dafür doch ganz woanders liegt als dort, wo Marx sie vermutet, nämlich auf der *Nachfrageseite*. Der Mehrwert muss schließlich nicht bloß erzeugt, sondern auf einem Markt auch realisiert (erlöst) werden; man braucht also Käufer, die (mehr) Geld haben. Diesem Problem stellt sich Marx wohl deshalb nicht, weil für ihn die Existenz von Geld offenbar gar kein Problem darstellt. Als Ware kann Geld anscheinend unbegrenzt produziert werden, wie es ja für Marx das Problem des Kapitalismus nicht ist, eine immer größer werdende Warenmenge zu produzieren. Ist aber Geld ein *Schuldentilgungsmittel*, ist es durchaus ein knappes Gut, beruht es doch dann auf Gläubiger-Schuldner-Kontrakten. *Mehr* Geld zu erlösen, muss danach bedeuten, dass irgendwo mehr Schulden gemacht worden sind. Beruhen darüber hinaus solche Kreditkontrakte auf »guten Sicherheiten«, wird offenbar, wie problematisch die Realisierung – eines wie auch immer produzierten – Mehrwerts tatsächlich sein kann. Der Warenanbieter muss (immer mehr) verschuldungsfähige *Eigentümer* finden. Geht solches Eigentum – und nicht etwa die Arbeit! – aus, gibt es eine Krise: Dies jedenfalls folgt aus der nun vorzustellenden *Eigentumsökonomik*.

3. Das Paradigma des Eigentums
(Heinsohn/Steiger)

Für Simmel wie für Marx – also für Neoklassik und Klassik – ist der ökonomische Wert nicht nur gleichermaßen objektiv, sondern auch gleichermaßen unterschieden von allem Objektiven, das den physischen Nutzen der Güter und Dienstleistungen (Waren) konstituiert. Er ist eine *gesellschaftliche* Kategorie, etwas, was im gesellschaftlichen Tausch bzw. in gesellschaftlicher Produktion entsteht. Dennoch bleibt der Bezug zum physischen Nutzen bestehen: Bei Simmel gründet der ökonomische Wert im subjektiven Begehren, das ein Begehren von Konsum ist, und bei Marx ist »abstrakte« Arbeit, Arbeit »schlechthin«, allemal auch die physische Manipulation von in die Produktion geworfenen Rohmaterialien.

Demgegenüber grenzen die beiden Bremer Autoren Gunnar Heinsohn (Soziologe, geb. 1943) und Otto Steiger (Volkswirt, 1938–2008) den ökonomischen Wert weitaus radikaler vom physischen Nutzen ab. Sie lassen ihn in ihrem 1996 erschienenen Werk *Eigentum, Zins und Geld. Ungelöste Rätsel der Wirtschaftswissenschaft* weder aus subjektivem Begehren noch aus Arbeit entspringen, sondern durch einen bloßen Rechtsakt. Durch einen solchen Akt werde bloßer »Besitz«, der sämtliche Rechte zur physischen Nutzung (eines Grundstücks etwa) umfasse, zu »Eigentum«, das für sich betrachtet, also jenseits der Besitzseite, überhaupt nichts Physisches meine, sondern das Recht zu einer *immateriellen* Verfügung der Belastung oder der Verpfändung im Kreditkontrakt. Der Rechtsakt verleiht somit dem (beispielhaften) Grundstück die Potenz seiner Aktivierung im Kreditkontrakt, welche Heinsohn und Steiger »Eigentumsprämie« nennen. Diese sei der ursprüngliche ökonomische Wert, der also weder ertauscht (Simmel) noch erarbeitet (Marx) werden muss.

Auf dieser Basis entsteht in einem eben nicht geld*verleihenden* Kreditvertrag, den etwa Marx alleine kennt, sondern geld*schaffenden* Kontrakt (zwischen Zentral- und Geschäftsbank) Geld als Anrecht auf Gläubigereigentum. Geld ist demnach weder ein bloßes Zeichen für den längst schon vorhandenen Tauschwert der Waren, wie bei Simmel, noch selbst eine Ware, die »ursprünglich akkumuliert« oder produziert werden müsste, wie bei Marx. Es ist vielmehr wirklich unabhängig von Produktion und Tausch, indem es beidem vorausgeht und gerade dadurch wirtschaftlich relevant ist. Mit diesem Konstrukt erheben die Autoren nicht nur den Anspruch, die enorme Dynamik des marktwirtschaftlichen, kapitalistischen Systems – nun »Eigentumsökonomik« genannt – zu erklären, sondern auch, worauf hier besonderes Augenmerk gelegt wird, dessen Krisen. Solche Krisen sind weder bloß exogen erzeugt (wie in der Neoklassik) noch eigentlich Über*produktions*krisen (wie bei Marx), sondern wesentlich immer *Schulden*krisen. Es ergeben sich eigentümliche wirtschaftspolitische Konsequenzen zur Vermeidung bzw. Überwindung von Krisen, die vielleicht gerade heute anzuwenden wären.

Geldwirtschaft und Keynesianismus

Die Eigentumsökonomik geht zunächst vom Keynesianismus aus, mit dem sie Wesentliches gemeinsam hat, um sich dann jedoch davon abzugrenzen. John Maynard Keynes reagierte 1936 mit seinem einflussreichen Werk *The General Theory of Employment, Interest and Money* auf die große Weltwirtschaftskrise von 1929, indem er gegen die damals (wie heute wieder) herrschende Lehre der Neoklassik wirtschaftsimmanente Krisenursachen aufspürte. Diese sah er vor allem in einer Übernachfrage nach Geld, das somit von entscheidender wirtschaftlicher Relevanz sei. Bereits Keynes bestimmt nämlich den ursprünglichen ökonomischen Wert in etwas durchaus ebenso Immateriellem, nämlich in der sogenannten *Liquiditätsprämie* des Geldes. Diese wird als die Verfügungsgewalt über Geld verstanden, als die Potenz, Geld zu halten, zu investieren oder auszugeben. Ebenso wie bei Marx gibt es bei Keynes kein »kapitalistisches« Wirtschaften ohne Geld, aber ebenso wie bei Heinsohn und Steiger (und damit im Unterschied zu Marx) ist Geld bei Keynes der Motor der Produktion und des Tausches, indem es unabhängig davon das logisch Erste ist, das ihnen somit vorausgeht und sie überhaupt erst möglich macht. Auch bei Keynes beruht Geld (weiterhin im Unterschied zu Marx) auf einem Kreditvertrag, sodass Schulden und ihre Tilgung auch dort die wesentliche Triebfeder sind.

Der entscheidende Unterschied zwischen Keynes und Heinsohn/Steiger besteht darin, dass Geld und seine Liquiditätsprämie für Keynes das schlechthin Erste sind, insbesondere also nicht im Eigentum gründen. Darin sehen Heinsohn und Steiger die wesentliche Schwäche des Keynesianismus, der deswegen seit Mitte der 1980er-Jahre immer wieder scheitere, weil die Variation der Geldmenge (und des Zinses) wirkungslos bleibe, solange nicht genügend verschuldungsfähige Eigentümer vorhanden sind. Bevor also auf die Eigentumsökonomik selbst genauer eingegangen wird, soll zunächst die Geldwirtschaft des Keynesianismus kurz besprochen werden.

Erinnern wir uns an das tauschtheoretische Rätsel der Krise: Wenn der Tausch im Wesentlichen ein Warentausch ist, wenn mithin Ware gegen Ware getauscht wird, kann es zu einem Überangebot an Waren eigentlich nicht kommen. Denn jedes Angebot einer Ware ist zugleich nichts anderes als die Nachfrage nach einer anderen Ware. Man bietet eine Ware an, um eine andere Ware nachzufragen. Offenbar kann es zu einem krisenhaften Warenüberangebot nur kommen, wenn auch etwas nachgefragt werden kann, was grundsätzlich von anderer Art ist als eine Ware. Sowohl in der Neoklassik, wo Geld als Tauschmittel (und Wertmaß) nur ein Stellvertreter für Waren ist, als auch bei Marx, wo Geld selbst eine Ware ist, bleibt der Tausch aber ein geschlossenes System, in dem, für sich betrachtet, Ungleichgewichte nicht möglich sind.[107] Keynes schließt es dadurch auf, dass er das Geld prinzipiell anders charakterisiert als seine Vorgänger. Indem er ihm einen eigentümlichen Wert verleiht, kann nun genuin Geld im Unterschied zu Waren nachgefragt werden. Das Überangebot an Waren wird als Übernachfrage nach Geld erklärt.

Der eigentümliche Wert des Geldes ist die *Liquiditätsprämie*. Sie ist recht verstanden nicht etwa deshalb eigentümlich, weil sie selbst immateriell ist: Stets wird der ökonomische Wert als gesellschaftliche Kategorie von den physischen Eigenschaften seines Trägers unterschieden. Ihre Eigentümlichkeit zeigt sich vor allem im Kontrast zu Marx' Bestimmung des Geldes als (besonderer) Ware. Bei Marx hat zwar das Geld, im Gegensatz zur nominalistischen Auffassung Simmels, ebenfalls einen Eigenwert. Doch ist es gerade nicht dieser Wert, der Geld zu einer *besonderen* Ware macht: Es ist ja eben der *eine* Wert, die »abstrakte Arbeit«, die auch Geldform annimmt. Insofern es (ökonomischer) Wert ist, ist Geld gleich jeder anderen Ware. Was Geld zu einer besonderen Ware macht, ist allein, dass es keinen (außerökonomischen) Gebrauchswert hat. Nicht so bei Keynes: Der Wert des Geldes ist zwar ebenso vorhanden, ebenso gesellschaftlich und ebenso objektiv, aber doch von ganz anderer Art als der Wert der Waren. Nur Geld hat die ökonomische Potenz, gehalten, investiert oder ausgegeben zu werden. Nur Geld wirkt als Wertaufbewahrungsmittel. Sein Wert kommt weder dadurch zustande, dass sein physischer Konsum begehrt würde und dafür eine andere Ware zum Tausch angeboten werden müsste, noch dadurch, dass es produziert werden müsste, sodass sich in ihm Arbeit vergegenständlichte. Geld erhält diese Potenz allein durch einen Rechtsakt.

Des Weiteren stimmen Marx und Keynes zwar darin überein, dass es keinen prämonetären Warentausch geben kann, dass also eine geldlose Marktwirtschaft nicht denkbar ist. Beide lehnen sie Simmels Auffassung des grundlegenden Tausches insofern ab, als Geld nicht »plötzlich« eingeführt und also auch nicht fehlen könnte.[108] Doch während Marx das Geld als ein notwendiges *Resultat* von (Produktion und) Tausch ansieht – indem »abstrakte Arbeit« notwendigerweise Schritt für Schritt im Warentausch und im Geld erscheine –, ist es bei Keynes vielmehr die notwendige *Voraussetzung* für Produktion und Tausch. Denn sein eigentümlicher Wert kann nicht dieselbe Ursache haben wie der Wert der Waren: Die Liquiditätsprämie entsteht eben nicht durch (subjektives Begehren oder) Arbeit. Geld entsteht bei Keynes also tatsächlich »plötzlich« im von Simmel kritisierten Sinne, nämlich insofern unabhängig vom Warentausch, als es ihm vorausgeht. Produktion und Tausch sind geldgetrieben; deshalb ist Marktwirtschaft nach Keynes eine Geldwirtschaft, die also gerade keine Tauschwirtschaft mit (kontingentem oder notwendigem) Geldgebrauch ist. Nicht das Geld ist der (kontingente oder notwendige) Stellvertreter der Waren, sondern umgekehrt sind die Waren bzw. ihr Warenwert Stellvertreter des Geldes.

Der wesentliche Unterschied zwischen Marx und Keynes aber liegt in der Auffassung vom *Zins*. Zwar ist wiederum zunächst eine Gemeinsamkeit zu konstatieren, insofern beide den Zins – im Gegensatz zu Simmel und zur Neoklassik – nicht ursprünglich als Güterzins, sondern sogleich als Geldzins bestimmen. Zins kompensiert bei Marx wie bei Keynes den temporären Verzicht auf Geld. Ein Geldverleiher, der im Unterschied zum Warenverkäufer für seinen aus der Hand gegebenen wertvollen Gegenstand kein Äquivalent erhält, hat eben darum einen (rechtlichen) Anspruch auf Entschädigung, auf den Zins. Doch während bei Marx der Zins eine historische Zufälligkeit insofern ist, als Geldbesitzer kontingenterweise nicht identisch sind mit den Unternehmer-Kapitalisten, ist der Zins bei Keynes ein *notwendiges* Element der Geldwirtschaft. Nach Marx ist eine zinslose Geldwirtschaft denkbar, wenn (ebenso zufällig) alle produktiven Unternehmer-Kapitalisten zugleich Geldbesitzer wären, während nach Keynes die Geldwirtschaft zwingend zinsbelastet ist. Denn der intrinsische Wert des Geldes, die Liquiditätsprämie, ist auch insofern eigentümlich, als sie sich im Zins *materialisieren* muss.[109] Zins ist bei Keynes die materialisierte Liquiditätsprämie des Geldes. Einen Unternehmer-Kapitalisten, der einfach Geld besitzt, kann es nach Keynes also gar nicht geben: Wenn er wirklich Geld in der Hand hat, das er sogleich in die Produktion steckt, ist er *Schuldner*. Denn sein Zahlungsmittel ist nur in vollem Sinne Geld, das heißt nur in vollem Sinne wertvoll, wenn es Liquiditätsprämie trägt, die jemand als Zins materialisiert. Hinter dem Unternehmer-Kapitalisten steht (letztlich) die geldemittierende Zentralbank.

In Abgrenzung zu Marx entwickelt Keynes daraufhin seine eigene, nicht auf der umstrittenen Arbeitswertlehre aufbauende, Krisentheorie. Sie beruht wesentlich auf der bei unsicheren Profitaussichten steigenden Nachfrage nach Geld (Liquiditätsprämie) – im Unterschied zu einer Nachfrage nach Waren –, welche ein Überangebot an Waren bewirkt. Durch den notwendigerweise zu erwirtschaftenden Zins ist Geld aber prinzipiell knapp – es wird stets mehr

Geld geschuldet, als geschaffen und/oder verliehen wurde –, sodass in einer solchen Situation die Liquiditätsprämie (und also der Zins) *steigt*. Das Geldangebot wird somit knapper, was den Abschwung noch verschärft. Wie bekannt, und hier im Abschnitt zur Krise in der Neoklassik bereits gesagt, folgen daraus die keynesianischen wirtschaftspolitischen Maßnahmen zur Verhinderung bzw. Überwindung der Depression: *stabile* statt flexible Löhne und Preise, um die Position der Schuldner zu stützen, *Erhöhung* der Geldmenge durch die Zentralbanken, um die Liquiditätsprämie zu senken und die Gläubiger der Unternehmer (die Geschäftsbanken) zur Erhöhung des Geldangebots zu bewegen, sowie direkte *Zinssenkungen*. Staatliche Konjunkturprogramme mögen ihr Übriges tun.

Nun ist es aber leider so, dass diese Maßnahmen nur noch selten einen neuen, nachhaltigen Aufschwung bewirken. Die Krise Japans (1989 ff.), wo mehr als ein Jahrzehnt lang niedrigste Zinsen und eine hohe Geldmenge lediglich Deflation verhindert, aber kein Wirtschaftswachstum erzeugt haben, steht paradigmatisch für dieses Scheitern. Ist also doch Marx' »tendenzieller Fall der Profitrate« die Ursache des gegenwärtigen Übels? Jedenfalls muss es theoretisch als Rätsel erscheinen, warum diese Maßnahmen überhaupt scheitern können. Wenn das krisenhafte Überangebot an Waren wesentlich eine Übernachfrage nach Geld ist, dann erscheint es doch als logisch konsequent, dieser Übernachfrage durch Gelddrucken, also durch eine Erhöhung des Angebots von Geld, entgegenzuwirken. Ist darüber hinaus, wie eben bei Keynes, Geld das schlechthin logisch Erste, dem nichts mehr zugrunde liegt, dann sollte doch nichts dagegen sprechen, dass die Zentralbanken so viel Geld wie nötig zur Verfügung stellen.

An dieser Stelle setzen Heinsohn und Steiger an: Es spreche nämlich in der Tat etwas dagegen, da Geld zwar der Warenproduktion und dem Tausch vorausgehe, es selbst aber doch nicht »plötzlich« entstehe, nämlich nicht unabgeleitet. Vielmehr ist es laut Heinsohn und Steiger im Eigentum fundiert. Gerade das Beispiel Japans zeige, dass die Erhöhung des Geldangebots wirkungslos sei, wo Eigentümerpositionen zu schwach sind.[110] Wenden wir uns also den Grundlagen der Eigentumsökonomik zu.

Eigentum, Zins und Geld

Die grundlegende Unterscheidung der Eigentumstheorie des Wirtschaftens ist die zwischen *Besitz* und *Eigentum*. Diese Unterscheidung wird von Heinsohn und Steiger auf eine Weise getroffen, wie sie etwa mit Blick auf eine Aktiengesellschaft durchaus vertraut ist, die aber tatsächlich in der Wirtschafts- und Philosophiegeschichte niemals so konsequent verfochten wurde. Bei »Eigentum« hat man nämlich von *jeder* physischen bzw. materiellen Nutzung abzusehen.

Normalerweise könnte man den Unterschied zwischen Besitz und Eigentum am Verhältnis zwischen Mieter und Vermieter einer Wohnung erläutern: Der Mieter, so könnte man denken, ist der Besitzer, der für die Dauer des Vertrages die Wohnung physisch nutzt, indem er selbst darin wohnt oder auch Gäste darin wohnen lässt. Der Vermieter hingegen ist der Eigentümer, der selbst die Wohnung gerade nicht nutzt, aber letztlich das Zugriffsrecht hat, beispielsweise indem er Eigenbedarf anmeldet. Dass Besitz mit physischer Nutzung, Eigentum dagegen etwas mit immateriellem Recht zu tun hat, kommt auch hier anscheinend gut zum Ausdruck. Doch einerseits hat auch der Mieter Rechte, die für sich genommen immateriell sind, und andererseits ist ein Recht auf Eigenbedarf immer noch ein Recht auf bloß physische Nutzung. Das Verhältnis zwischen Mieter und

Vermieter kann durchaus ein besonderes Konstrukt zwischen bloßen Besitzern bleiben. Nach Heinsohn und Steiger ist der Vermieter nämlich nur dann wirklich Eigentümer der Wohnung, wenn er Rechte auf nicht-physische, immaterielle Verfügung hat. Er muss die Möglichkeit haben, die Wohnung in einem Kreditvertrag *belasten* zu können, sie etwa als Schuldner bei einer Bank als Sicherheit zu stellen.

Der gemeinte Unterschied zwischen Besitz und Eigentum ist daher besser mit nur einer Person zu erläutern, die in ihrer eigenen Wohnung selbst wohnt. Sie ist Besitzerin, insofern sie die Wohnung selbst physisch nutzt, während sie Eigentümerin derselben Wohnung ausschließlich deshalb ist, weil sie sie verschuldungsfähig macht. Der Unterschied wird also dann deutlich, wenn man seine verschiedenen Rechte tatsächlich ausübt: Die Ausübung eines Besitzrechts tangiert den Besitz immer physisch; der Vermieter, der Eigenbedarf anmeldet, will selbst darin wohnen. Die Ausübung eines Eigentumsrechts berührt das Eigentum physisch aber überhaupt nicht[III]; ob der Vermieter nur die Möglichkeit hat, seine Wohnung als Sicherheit zu stellen, oder ob er sein Eigentum bereits »aktiviert« hat, indem er tatsächlich eine Hypothek aufgenommen hat, ändert an der wohnlichen Situation gar nichts.

Ein für die Philosophiegeschichte bedeutsamer »Eigentumstheoretiker« ist John Locke (1632–1704). Er versteht »Eigentum« eindeutig als einen gesellschaftlichen Rechtstitel: »Obwohl die Erde und alle niederen Lebewesen allen Menschen gemeinsam gehören, so hat doch jeder Mensch ein *Eigentum* an seiner eigenen *Person*. Auf diese hat niemand ein Recht als nur er allein. Die *Arbeit* seines Körpers und das *Werk* seiner Hände sind, so können wir sagen, im eigentlichen Sinne sein Eigentum. Was immer er also dem Zustand entrückt, den die Natur vorgesehen und in dem sie es belassen hat, hat er mit seiner *Arbeit* gemischt und ihm etwas Eigenes hinzugefügt. Er hat es somit zu seinem *Eigentum* gemacht.«[112]

Ebenso deutlich ist aber, dass hier physische Manipulation (Arbeit) nur das Recht auf physische Nutzung begründen soll. Auch ist das Recht auf die eigene Person zwar selbst nichts Physisches, aber doch immer bezogen auf physische Nutzung, etwa als Recht auf körperliche Unversehrtheit und als Ablehnung von Sklavenarbeit. Locke dürfte kaum im Sinn gehabt haben, dass ein Eigentümer an seiner eigenen Person diese soll *verpfänden* dürfen, um einen Geldkredit zu erhalten. Keine Frage also: Für Heinsohn und Steiger ist das lockesche »Eigentum« bloß »Besitz«.[113]

Eine weitere Quelle von Missverständnissen ist die Unterscheidung von *Privatsphäre* und *Staat*. Besonders einflussreich ist hier Jean-Jacques Rousseau (1712–1778), der in der Privatisierung die Entstehung der Eigentumsgesellschaft sah: »Der erste, der ein Stück Land eingezäunt hatte und es sich einfallen ließ zu sagen: *dies ist mein* und der Leute fand, die einfältig genug waren, ihm zu glauben, war der wahre Gründer der bürgerlichen Gesellschaft.«[114]

Ob nun aber der Halter von Eigentum bzw. Besitz eine Privatperson ist oder ein großes Kollektiv, ist nach Heinsohn und Steiger ganz gleichgültig. Es kommt eben ausschließlich darauf an, ob der Halter damit kreditwürdig ist oder nicht. Sowohl der rousseausche Privatbürger als auch der Staat des realsozialistischen »Volkseigentums« könnten demnach sehr wohl bloße Besitzer sein.[115] Weder durch Arbeit also, wie bei Locke, noch durch (gewaltsame) Privatisierung, wie bei Rousseau, entsteht Eigentum, sondern allein durch einen Rechtsakt, durch gesellschaftliche Übereinkunft. Historische Vorbilder sind dabei Romulus' *Roma quadrata* und das neuzeitliche England, wo jeweils durch einen »revolutionären« Rechtsakt vorhandenem Besitz »Eigentumstitel« hinzugefügt worden seien.

Die Idee lässt sich gut am Almöhi veranschaulichen[116]: Als Besitzer einer kleinen Almhütte in den Schweizer Bergen produzierte er für sich und die Bewohner des Dörfli frischen Ziegenkäse. Weder mit seiner Arbeitskraft noch mit dem Tausch auf dem Marktplatz des Dörfli vermochte er es, Eigentum und ökonomischen Wert hervorzubringen. Umfangreichste Entwicklungshilfe in Technologie und Infrastruktur hätten vielleicht die Käseproduktion verfeinert und den Tausch erleichtert, die Schweiz aber grundsätzlich auf dem Stand eines Agrarlandes belassen. Durch den Rechtsakt aber, der aus dem Besitz des Almöhis Eigentum machte, entstand der eigentliche ökonomische Wert. Nun war er verschuldungsfähig, konnte seine Hütte als Sicherheit stellen und mit dem erhaltenen Geldkredit auf der anderen Seite des Berges einen Skilift oder unten am Rhein eine schöne Chemiefabrik errichten. Nicht der Reichtum oder die Knappheit an Ressourcen und Arbeit provoziert echtes, marktwirtschaftliches (kapitalistisches) Wirtschaften, sondern eine immaterielle Prämie auf Eigentum, die Geld knapp hält und dazu zwingt, Zins zu erwirtschaften.

Denn was der Almöhi und andere durch den Rechtsakt erhalten – zusätzlich zum Besitz und unabhängig davon, wie viel oder wenig physischen Nutzen dieser abwirft –, ist die *Eigentumsprämie*, das heißt die Möglichkeit, ihr Eigentum zu belasten. Sie ist der grundlegende, objektive ökonomische Wert. Da er aber ebenso wie die keynessche Liquiditätsprämie immateriell ist, nicht konsumiert werden kann, sind die Eigentümer auf kurz oder lang – insofern sie nämlich keine Entwicklungshilfe in Form von materiellen Gütern bekommen – dazu gezwungen, ihre Eigentumsprämie zu materialisieren.[117] Sie müssen ihr Eigentum aktivieren, also belasten, wofür sie einen Geldkredit bekommen. Da dieser einer Zinsforderung unterliegt, also mehr Geld geschuldet wird, als man bekommen hat, ist der Schuldner-Eigentümer zur Produktion von Waren gezwungen, über die der Profit erwirtschaftet werden soll. Andernfalls, wenn der Schuldner die Zinsen nicht bedienen und nicht tilgen kann, verliert er sein Eigentum durch Vollstreckung. Charakteristisch für die Eigentumsökonomik ist daher zunächst, dass der Produktion und dem Tausch (von Waren) ein Geldkredit vorausgeht, wie bei Keynes, diesem aber Eigentum als »gute Sicherheit« zugrunde liegen muss. Entscheidend ist dann, dass es bei jedem Kredit auch einen Gläubiger gibt und dass dieser Gläubiger nach Heinsohn und Steiger ebenfalls Eigentum halten und im Kredit belasten muss.

Bis hierhin könnte man andernfalls denken, dass man jede andere – neoklassische, marxistische oder keynesianische – Wirtschaftstheorie einfach um die Forderung ergänzen könnte, dass Schuldner stets »gute Sicherheiten« bieten müssen. Vor allem angesichts der US-amerikanischen Immobilienkrise von 2007, maßgeblich hervorgerufen durch die Vergabe von Krediten (sogenannten Subprime-Krediten) an Schuldner, die gerade kein belastbares Eigentum besaßen, erscheint diese Forderung ja als eine solche Selbstverständlichkeit, dass es kaum denkbar ist, dass dies nicht aus der Perspektive einer jeden Theorie als Kapitalfehllenkung begriffen wird. Und in der Tat besteht die eigentliche Pointe der Eigentumstheorie eben gar nicht so sehr im Blick auf das Schuldnereigentum, sondern vielmehr darin, dass auch der Gläubiger Eigentum haben (und belasten) muss.

Denn man stelle sich vor, ein Gläubiger verleiht eine Summe von 100 000 Euro. Worin besteht sein Verlustrisiko? Warum fordert er – im theoretischen Sinne: berechtigterweise – einen Zins? Spontan würde man antworten, dass sein Risiko in eben seinem guten Geld, jenen 100 000 Euro, besteht, die er verlieren kann, wenn der Schuldner säumig wird. Er, der Gläubiger, gibt offenbar Wertvolles, nämlich

100 000 Euro, aus der Hand, ohne dafür unmittelbar einen Gegenwert zu erhalten. Der Schuldner muss zwar tilgen, aber dies erst viel später, was den Geldverleih schon bei Marx zu einem riskanten Geschäft macht, das den Geldverleiher von jedem Warenverkäufer unterscheidet, der für seine hergegebenen Waren im Tausch unmittelbar ein Äquivalent erhält.

Bei Heinsohn und Steiger gilt das Ganze nun aber nicht nur beim Geldverleih, also nicht nur dann, wenn ein Gläubiger (wie eine Geschäftsbank) Geld, das er längst hat, an jemand anderes (eine Nichtbank) weitergibt. Insbesondere beim geld*schaffenden* Kredit, wo ein Gläubiger (eine Zentralbank) Geld, das er gar nicht hat, zuallererst druckt, und zwar direkt in die Hände des Schuldners (einer Geschäftsbank), gilt laut Eigentumsökonomik: Ein solcher Gläubiger, also auch die Zentralbank, hat ein Verlustrisiko und verlangt berechtigterweise Zins. Doch wofür eigentlich? Wenn der Schuldner säumig wird und nicht zurückzahlen will oder kann, geht dem Gläubiger doch nur Geld verloren, das er ohnehin nie hatte! Darüber hinaus: Sowohl bei der Geldschaffung als auch beim Geldverleih wird die Verlustgefahr doch eigentlich ausschließlich durch das belastete (»verpfändete«[118]) Eigentum des Schuldners abgesichert. Darein darf der Gläubiger vollstrecken, wenn der Schuldner seiner Zahlungsverpflichtung nicht nachkommt. Dass das Geld verloren gehen kann, begründet oder rechtfertigt daher in keinem Fall die Zinsforderung des Gläubigers.

Heinsohn und Steiger argumentieren: Geld, das ein Schuldner nicht zurückzahlen kann, ist nicht wirklich »verloren«, sondern noch im Umlauf. Daraus droht »weiteres« Unheil für den Gläubiger, sein eigentliches Verlustrisiko. Er hat ja das Geld herausgegeben, das nun ein Dritter hat, also sollte er es auch zurücknehmen (können und) müssen, wenn das jemand verlangt. Was aber kann er dafür geben?

Das Schuldnereigentum, das er durch Vollstreckung erworben hat? Auch das aber könnte wertlos sein, etwa vom säumigen Schuldner, der es eben nur verpfändet, nicht verkauft und also immer im physischen Besitz hatte, zerstört worden sein. Es würde nichts daran ändern, dass das ausgegebene Geld noch immer im Umlauf und daher gegen den Gläubiger »geltend« gemacht werden könnte. Also, folgern Heinsohn und Steiger, muss der Gläubiger von Beginn an selbst Eigentum haben, das er im Gläubiger-Schuldner-Kontrakt blockiert. Selbst Zentralbanken müssen beim Gelddrucken der *eigenen* Währung Eigentum belasten. Andernfalls wäre das »verlorene« Geld im Umlauf schlicht wertlos.[119]

Die Pointe der Eigentumsökonomik ist das *Gläubiger*eigentum, insbesondere dasjenige des geldschaffenden Gläubigers, der Zentralbanken. *Dessen* Eigentumsprämie geht bei Belastung im Kreditvertrag bis zur endgültigen Rückzahlung des geschaffenen Geldes verloren. Um *diesen* Verlust zu kompensieren, fordert der Gläubiger Zins, der in der Tat als die materialisierte Eigentumsprämie des Gläubigers gefasst wird. (Zins ist »materiell«, ihn kann der Gläubiger konsumieren, ausgeben.) Und: Der Verlust dieses, seines eigenen Eigentums ist das eigentliche Risiko des Gläubigers, da er es letztlich abgeben muss, wenn sein Schuldner nicht tilgt, wenn dessen verpfändetes Eigentum nichts (mehr) taugt und ein Dritter das emittierte Geld gegen ihn »präsentiert«. Wertvoll ist solches Geld nämlich nur als *Anrecht* auf Gläubigereigentum. Also: Zins ist (materialisierte) Eigentumsprämie des Gläubigers und Geld Anrecht auf Gläubigereigentum; nur mit Schuldnereigentum, das als zu stellende Sicherheit jeder einräumen würde, gäbe es keinen Zins und eigentlich auch kein Geld. Es funktioniert daher einfach nicht, einer neoklassischen, marxistischen oder keynesianischen Wirtschaftstheorie das Schuldnereigentum hinzuzufügen – so Heinsohn und Steiger.[120]

Aus diesem Konstrukt ergeben sich allerlei Probleme: So hat man auf dem Höhepunkt der Bankenkrise infolge der Lehman-Pleite 2008 immer wieder gehört, dass zwar die Geschäftsbanken sich untereinander nicht mehr trauten, die Zentralbanken aber jederzeit für Liquidität sorgen könnten (wenn sie wollten). Man hat den starken Eindruck, dass keine Zentralbank in der *eigenen* Währung zahlungsunfähig werden könnte. Vielmehr meint man, eine Zentralbank könnte von eigener Währung unbegrenzt viel Geld drucken, nämlich immer nach Bedarf. Der Eigentumstheorie zufolge aber ist es sehr wohl möglich, dass eine Zentralbank illiquide wird – und zwar nicht nur dann, wenn sie keine verlässlichen Geschäftsbanken mehr findet, die »gute Sicherheiten« stellen könnten, sondern dadurch, dass sie selbst kein belastbares Eigentum mehr hat. Sie müsste dann wohl vom Staat mit Eigenkapital versorgt werden, was bei klammen Staaten sehr schnell an Grenzen stößt. So weit die Erklärungen von Heinsohn und Steiger. Allerdings stellt sich hier die Frage, ob Heinsohn und Steiger nicht deskriptive mit normativen Aspekten vermischen.[121]

Doch bevor mögliche Schwierigkeiten der Theorie diskutiert werden können, seien noch einmal von vorne die Grundzüge der Eigentumsökonomik rekonstruiert: Am Beginn, beispielsweise in Romulus' Rom, stehen zwei Personen 1 und 2, zwei Besitzer von (Grundstücken) A und B, die durch einen Rechtsakt zu Eigentümern werden. A und B bekommen dadurch einen objektiven ökonomischen Wert, die Eigentumsprämie, welche eine Potenz zur immateriellen Blockierung (Belastung) des Eigentums ist. Um ihre Eigentumsprämie zu konsumieren, sind beide Eigentümer gezwungen, ihr Eigentum zu aktivieren, das heißt, einen Gläubiger-Schuldner-Kontrakt einzugehen. Einer der Eigentümer wird nun Gläubiger, er emittiert Geld als Anrecht auf sein Eigentum in die Hände des anderen, der dadurch zum Schuldner wird. Beide Eigentümer verlieren temporär, nämlich solange der Kreditvertrag läuft, ihre Eigentumsprämie – nicht aber ihr Eigentum oder gar ihren Besitz –, deren Verlust kompensiert werden muss; bestenfalls auf eine Weise, die sie konsumierbar macht. Seitens des Schuldners wird die verlorene Eigentumsprämie unmittelbar durch die (keynessche) Liquiditätsprämie des erhaltenen Geldes kompensiert; seitens des Gläubigers erscheint die verlorene Eigentumsprämie als Zinsforderung an den Schuldner. Dieser muss – einerseits um seine Liquiditätsprämie zu materialisieren, andererseits um die zu zahlenden Zinsen zu erwerben – Waren produzieren und dafür Käufer finden. In den Waren materialisiert sich ökonomischer Wert also insofern, als ihre Produktion durch das Riskieren von Eigentum schuldengetrieben ist. Misslingt das Vorhaben des Schuldners, verliert er sein blockiertes Eigentum; der Gläubiger darf in es vollstrecken. Ist auch dieses wertlos, das emittierte Geld aber weiterhin im Umlauf, verliert der Gläubiger sein blockiertes Eigentum, wenn das Geld, das Anrecht auf sein Eigentum ist, gegen ihn »präsentiert« wird. Im modernen, zweistufigen Bankensystem ist die Zentralbank nur (geldschaffender) Gläubiger, Geschäftsbanken sowohl Schuldner (gegenüber der Zentralbank) als auch (geldverleihende) Gläubiger, während Nichtbanken nur Schuldner sind (gegenüber Geschäftsbanken).[122]

Ein vielleicht klärender Vergleich mit Marx: So wie bei Marx alles zur Ware wird, wird bei Heinsohn und Steiger alles zu Eigentum. Dies gilt insbesondere für die Arbeitskraft des »freien Lohnarbeiters«. Er unterscheidet sich in beiden Fällen von einem Sklaven dadurch, dass er nur seine Arbeitskraft verkauft und nicht selbst in das Eigentum des Unternehmers übergeht.[123] In beiden Fällen erlöst der Arbeiter dabei *weniger* als den Verkaufspreis der von ihm (mit-)produzierten Waren.[124] Beide Theorien bieten dann, je unterschiedlich, eine theoretische Rechtfertigung dieses Mehrwerts: Bei Marx schafft, entsprechend seiner Arbeitswertlehre, die Konsumtion des Gebrauchswerts der Ware Arbeitskraft einen höheren Wert, als sie selbst wert ist. Die »gesellschaftlich durchschnittliche Arbeitszeit«, die zur Erhaltung der Arbeitskraft nötig ist, also ihren Wert schafft, ist kürzer als die Zeit, während der der Arbeiter arbeiten kann (und also Warenwert schafft). Laut Heinsohn und Steiger dagegen ist der freie Lohnarbeiter der einzige Akteur der Eigentumsgesellschaft, der an Geld (seinen Lohn) herankommt, ohne Sicherheiten stellen und Zinsen zahlen zu müssen. Deshalb, weil ein anderer dafür Zinsen zahlen (und Sicherheiten stellen) muss, erhält er gewissermaßen nur einen »abgezinsten« Betrag.

Man sieht: Während es Marx in allererster Linie darum geht, zu erklären, wie der Mehrwert in der Warenproduktion *erzeugt* wird, und offenbar überhaupt nicht darum, wie er denn auf dem Markt *realisiert* wird, geht es Heinsohn und Steiger gerade umgekehrt darum, dass der Unternehmer-Eigentümer auf dem Markt den Zins (Mehrwert) realisieren muss. Bei Marx braucht der Unternehmer seine Arbeiter, weil er nur über Arbeit den gewünschten Mehrwert produzieren kann; bei Heinsohn und Steiger erhöht der Arbeiter nur den Druck. Denn Lohnvorschüsse sind »allemal verlorenes« Geld, das auch nicht teilweise, wie bei den benötigten Maschinen, zurückgewonnen werden kann. Für Zins und Tilgung des Geldkredits kommt also alles darauf an, auf dem Markt Käufer für die produzierten Waren zu finden. Steckt der Keim der Krise bei Marx in der Produktion – indem durch ständig steigende Produktivität die Arbeit (das variable Kapital) auszugehen droht –, liegt er bei Heinsohn und Steiger anscheinend eben doch in der Zirkulation. Käufer zu finden, heißt jetzt, Leute zu finden, die (mehr) Geld haben. Das aber können sie letztlich nur als

Schuldner, steckt doch hinter allem Geld letztlich Gläubigereigentum. Der Keim der Krise besteht also in der Gefahr, dass nicht ausreichend viel Eigentum zur Verfügung steht.

Die Krise in der Eigentumswirtschaft

Bislang haben wir die Eigentumsökonomik rein qualitativ betrachtet, dahingehend, was Wert, Geld und Zins der Sache nach sind, nicht aber, wie sie sich quantitativ über die Zeit hinweg verhalten. Ein großer Vorteil der neoklassischen Wirtschaftslehre ist nun zweifellos, dass man in ihr auch mit ausgefeilten mathematischen Methoden quantitativ rechnen kann, also etwa Warenpreise, Zinssätze und deren Schwankungen (mehr oder weniger) erfolgreich vorausberechnen kann. Ebenso wie gegen die marxsche Arbeitswertlehre könnte man auch gegen die Eigentumsökonomik einwenden, dass sie instrumentell wenig taugt, also ebenso wie Marx' Kapitalismuskritik eher Philosophie denn Ökonomie ist. Bei der Krisenerklärung spielen quantitative Änderungen aber sehr wohl eine Rolle.

Angenommen, ein Obstgarten im Wert von 100 000 Euro wirft eine jährliche Apfelernte von 5000 Euro ab.[125] Technische Neuerungen und effizientere Düngemittel erhöhten anschließend den Ertrag auf 10 000 Euro/Jahr. Im Geiste von Simmels Tauschparadigma bzw. der Neoklassik sollte man dann denken, dass der Zinssatz sich entsprechend verdoppelt hat, von fünf auf zehn Prozent. Denn Zins ist dieser Theorie zufolge ja wesentlich ein Güterzins, der die Gegenwartsvorliebe von (physischem) Konsum ausdrückt und daher den Verzicht auf sofortigen Konsum kompensiert. Er müsste somit streng an die physische Produktivität gebunden sein, die sich im gegebenen Beispiel mit der Zeit eben verdoppelt hat. Wollte man seinen Obstgarten etwa verpachten, würde man doch wohl auch den Mietzins mit der Produktivität variieren.

Neoklassisch ist also der Zinssatz eine von der Produktivität abhängige Größe. Im Idealfall – das heißt, wenn nicht wieder einmal die Politik dazwischenfährt und etwa völlig unterschiedlich produktive Wirtschaften in einen gemeinsamen Währungsraum zwingt – geht demnach eine hohe Produktivität mit hohen Zinssätzen einher und eine niedrige Produktivität mit niedrigen Zinssätzen. Wie Heinsohn und Steiger festgestellt haben, entspricht dies aber überhaupt nicht der Realität. Aus rein wirtschaftlichen Gründen könne es durchaus langfristig so sein, dass eine hohe oder gar stark steigende Produktivität von niedrigen bzw. fallenden Zinssätzen begleitet ist; und umgekehrt. Wie Keynes betonen die Autoren konsequent die *Unabhängigkeit* des Zinssatzes von allem Physischen, der sich vielmehr aus der immateriellen Eigentumsprämie bestimme (bei Keynes aus der ebenso immateriellen Liquiditätsprämie des Geldes). Bezogen auf das Beispiel folgt daraus, dass der (Geld-)Wert des Obstgartens keineswegs vorgegeben ist, sondern sich allererst aus dem Ertrag *und* dem Zinssatz berechnet. Bei unverändertem Ertrag von 5000 Euro/Jahr ist der Obstgarten jene 100 000 Euro nur dann wert, wenn ein wodurch auch immer bestimmter Zinssatz von fünf Prozent angenommen wird. Er fällt auf nur noch 50 000 Euro, wenn der Zins auf zehn Prozent steigt. Mit Blick auf die Erklärung von Wirtschaftskrisen und auf mögliche Maßnahmen zu ihrer Überwindung illustriert das Beispiel, dass der Wert des Eigentums sich *gegenläufig* zum Zinssatz ändert und also die Höhe der Eigentums*prämie* – des ursprünglichen ökonomischen Wertes – nicht nur vom Wert des Eigentums selbst qualitativ zu unterscheiden ist, sondern sich auch noch quantitativ antiproportional dazu verhält.

Die Krise wird dann nach der Eigentumstheorie zunächst durch eine *Entwertung* haftenden Eigentums charakterisiert. Reduzierte Ertragserwartungen führen danach (trotz stabiler Zinsen) etwa zum Fallen des Obstgartenwerts: Erbringt die Apfelernte nur noch 2500 Euro/Jahr, sei der Obstgarten bei gleichbleibendem Zinssatz von fünf Prozent nur noch 50 000 Euro wert. Dies aber bedeutet, dass die Menge an »guten Sicherheiten«, an *verpfändbarem* Eigentum, kleiner wird, sodass laut Heinsohn und Steiger der keynesianisch erwünschten Ausweitung der Geldmenge Grenzen gesetzt sind. Unternehmen (Schuldner), die von der Entwertung des Eigentums betroffen sind, können sich weniger Geld leihen, was die aufkommende Krise zu verschärfen droht.

Des Weiteren wird aber ja auch bereits verpfändetes Eigentum entwertet, was die Gläubiger spätestens dann nervös machen sollte, wenn der Wert der gestellten Sicherheiten unter die Schuldensumme fällt. Geht ein Unternehmen insolvent, kann es das geliehene Geld also nicht zurückzahlen, erhält die Bank bei der Vollstreckung keinen adäquaten Ersatz mehr. Bei sinkenden Ertragserwartungen wird daher die Aktivierung von Eigentum durch Belastung bzw. Verpfändung in Gläubiger-Schuldner-Kontrakten riskanter, das Halten von noch nicht aktiviertem Eigentum somit attraktiver. Mit anderen Worten: Gegenläufig zum sinkenden Wert des Eigentums selbst *steigt* dessen Eigentums*prämie*. Sie fällt bei steigenden Profiterwartungen und steigt bei fallenden, eben weil das Risiko des Eigentumsverlustes (bei Aktivierung) entsprechend sinkt bzw. steigt. Da nun aber der Zins laut Eigentumsökonomik die materialisierte Eigentumsprämie (des Gläubigers) ist, steigt dieser im Abschwung, sodass Eigentum weiter entwertet wird. Es kommt zur Krisenspirale: von fallenden Ertragserwartungen über fallenden Eigentumswert, steigende Eigentumsprämie (Zins), weiter fallenden Eigentumswert zu schließlich ganz ausfallendem Ertrag, weil kaum noch jemand kreditwürdig ist und investieren könnte.

Worauf es ankommt: Die keynesianisch erwünschte Zinssenkung (durch die Zentralbank) ist demnach wirkungslos, solange die Eigentumsprämie, die den Zins begründet, nicht fällt. Und ebenso verpufft die keynesianisch erwünschte Erhöhung der Geldmenge, solange es nicht genügend verschuldungsfähiges Eigentum gibt. Aus dem Scheitern des Keynesianismus in Japan (1989 ff.) und anderswo folgt für Heinsohn und Steiger entsprechend nicht die Rückkehr zu Marx oder zur neoklassischen »Krisenverleugnung«, das heißt zur Geldwertstabilität und Haushaltsdisziplin; vielmehr setzen sie auf die Wiederherstellung von Verschuldungsfähigkeit. Eigentum müsse neu verteilt werden.[126] Die wirtschaftspolitischen Konsequenzen der Eigentumsökonomik sind also durchaus keynesianisch, insofern Zins- und Geldpolitik als konjunkturrelevant angesehen werden. Niedrige Zinsen und eine hohe Geldmenge sind wünschenswert und sollten einen Wiederaufschwung befördern. Der entscheidende Unterschied ist, dass Zins und Geld aus dem belast- und verpfändbaren Eigentum entspringen und nicht das Grundlegende sind, wie dies bei Keynes der Fall ist. Da an dieser grundlegenden Ursache anzusetzen ist, muss jede Zins- und Geldpolitik oberflächlich oder gar wirkungslos bleiben, die nicht durch Stärkung der Eigentümerposition unterfüttert ist. Heinsohn und Steiger führen dies immer wieder am Beispiel Japans vor, wo auch eine Dauerniedrigzinspolitik der Zentralbank deswegen keinen nachhaltigen Konjunkturaufschwung bewirken konnte, weil (aufgrund der vorhergehenden, nachhaltig geplatzten Immobilienblase) verschuldungsfähige Eigentümer rar seien. Aktuell könnte man die USA oder Spanien als weitere Beispiele nennen und plausibel finden, dass die erhöhte Geldmenge tatsächlich erst dann produktiv in Umlauf kommt, wenn die möglichen Empfänger wieder verschuldungsfähig sind, also »gute Sicherheiten« stellen können.

Bemerkenswert ist in diesem Zusammenhang die Kritik von Heinsohn und Steiger an den deutschen Arbeitsmarktreformen im Rahmen der »Agenda 2010«[127]: Jemand, der jahrelang beschäftigt war, wird nach zwölfmonatiger Arbeitslosigkeit nicht zum Hartz-IV-Empfänger, sondern muss zunächst sein über die Jahre erworbenes Vermögen verbrauchen, bevor er die Sozialleistung tatsächlich in Anspruch nehmen darf. Nicht etwa aus Gründen der sozialen Gerechtigkeit, sondern allein aus eigentumsökonomischen Motiven heraus verwerfen Heinsohn und Steiger diese Regelung. Auf diese Weise nämlich werde verhindert, dass die Betroffenen doch noch einmal Kleinunternehmer werden könnten (man denke an das Beispiel vom Almöhi). Sie müssen ja ihr Eigentum verkaufen, das sie verschuldungsfähig hielte. Das Beispiel deutet an, wie krisenüberwindende Wirtschaftspolitik im Geiste der Eigentumsökonomik aussehen könnte, und wiederum erscheint die Grundidee höchst plausibel.[128] Ob sie letztlich überzeugt, ist aber dennoch durchaus fraglich.

Neben der angesprochenen Schwierigkeit einer angemessenen Zentralbank-Theorie[129] liegt das Hauptproblem meines Erachtens darin, dass der Kapitalismus bzw. die Eigentumswirtschaft nun explizit als eine Art Kettenbrief erscheint. Da immer mehr Wert realisiert werden muss, als Geld emittiert wurde, müssen immer mehr verschuldungsfähige und -willige Eigentümer gefunden werden, um den Mechanismus am Laufen zu halten. Stößt *dieses* Wachstum an Grenzen, weil keine neuen (Absatz-)Märkte mehr erschlossen werden können, drohen die Gläubiger derart nervös zu werden, dass die finale Krise auch ohne Marx unver-

meidlich erscheint. Um sie abzuwenden, helfe vielleicht ein
neuer Romulus: »Dafür bedürfte es einer Neuzuschneidung
der Eigentumsverteilung, deren Radikalität den historischen Sternstunden bei der Schaffung von Eigentum nicht
nachstünde.«[130]

Dann gäbe es wieder neue Gläubiger und Schuldner, neue
Unternehmer also, die wieder Eigentumsprämien hätten
und auch materialisieren müssten – durch Profit und Zins.
Aus meiner Sicht jedoch sind Käufer bzw. Konsumenten nötig, die (mehr) Geld haben müssen, über die Profit und Zins
realisiert werden können. Solche Käufer scheinen Leute sein
zu müssen, die (mehr) Geld haben, *für das sie keine Zinsen
zahlen müssen*; wo kommen die her? Dieses Problem ist
nicht gelöst.

Schluss

Fassen wir zusammen: Geld ist entweder ein bloßes Tausch-mittel bzw. ein in sich wertloser Wertmesser (Nominalis-mus; Simmel), eine intrinsisch wertvolle besondere Ware (als allgemeines Äquivalent; Marx) oder ein Schuldentil-gungsmittel bzw. ein Anrecht auf Gläubigereigentum von eigentümlichem Wert (Keynes; Heinsohn/Steiger). Ware, Tausch und Geld verhalten sich entsprechend auf charakte-ristische Weisen zueinander:

- Bei Simmel (Neoklassik) ist das Grundlegende der Tausch, durch den Produkte (Gebrauchswerte) zu wert-vollen Waren werden und dem (willkürlich) Geld hinzu-gefügt werden kann, das die Wertverhältnisse der Waren zum Ausdruck bringt: Tausch–Ware(–Geld).
- Bei Marx hingegen ist das Grundlegende die Ware oder die Warenproduktion, wodurch der Tausch, auf den sie abzielt, erst ermöglicht wird und woraus sich zwingend Geld ergibt: Ware–Tausch–Geld.
- Bei Heinsohn und Steiger schließlich ist das Grundle-gende das (auf Eigentum und Gläubiger-Schuldner-Kon-trakten beruhende) Geld, das Warenproduktion und -tausch umgekehrt erst induziert: Geld–Ware–Tausch.

Der *Zins* ist neoklassisch ursprünglich ein bloßer Güterzins und bei Marx ein nur historisch zufälliger Geldzins. Erst bei Keynes und dann bei Heinsohn und Steiger wird er zu ei-nem wesentlichen (treibenden wie schädigenden) Element der Geldwirtschaft, ohne den sie selbst gar nicht denkbar wäre. Während es also nach Simmel eine geldlose Tausch-wirtschaft geben könnte, nach Marx zwar keinen prämonetären Markttausch, wohl aber eine zinslose Geldwirtschaft, hängen Zins, Geld und Tausch bei Keynes sowie bei Heinsohn und Steiger aufs Engste miteinander zusammen.

Es war zu zeigen, wie diese unterschiedlichen Konzeptionen zu unterschiedlichen Erklärungen von Krisen führen und welche verschiedenen wirtschaftspolitischen Konsequenzen zur Vermeidung und Überwindung von Krisen aus ihnen folgen. Insbesondere erklärt der vielleicht am meisten überzeugende Ansatz der Eigentumsökonomik eine Krise durch den Anstieg der Eigentumsprämie, dem letztlich nur durch eine Stärkung der Eigentümer begegnet werden kann.

Es ist klar, dass auf knappem Raum nur eine gewisse Orientierung in der Philosophie des Geldes vermittelt werden kann. Viele Autoren, beispielsweise Joseph Schumpeter oder Friedrich August von Hayek, kamen hier gar nicht zur Sprache, insbesondere ein Autor nicht, der vielen analytisch orientierten Philosophen und Philosophinnen aus der Sprachphilosophie und der Philosophie des Geistes vertraut ist: John R. Searle.[131] Der hatte 1995 eine viel diskutierte Arbeit zur *Ontologie sozialer Tatsachen* veröffentlicht[132], in der Geld das prominente Beispiel für eine objektive, gesellschaftlich konstituierte Tatsache spielt. Ein kurzer Kommentar soll abschließend diesen Ansatz in unserem Themenfeld genauer verorten.

Searle betrachtet ein Stück Papier aus seiner Geldbörse und stellt die Frage: »[W]as an diesem Stück Papier macht es zu Geld?«[133] Anscheinend auf der Linie von Simmel und Marx stellt Searle fest, dass keine Analyse der physikalischen und chemischen Eigenschaften des Trägers erfassen kann, was Geld als Geld ist. Geld ist eben eine gesellschaftliche Kategorie, deren Objektivität von ganz anderer Art ist als die natürlicher Tatsachen. Wie Simmel oder Marx stellt Searle also offenbar die Frage, was Geld ist, und entsprechend den hier dargelegten Theorieoptionen müsste man nun als Antwort erwarten:

»Dieses Stück Papier wird zu Geld, indem es (a) als Zeichen von relativem Warenwert, (b) als Geldware oder (c) als Schuldentilgungsmittel/Anrecht auf Gläubigereigentum fungiert.«

Searles erster Schritt zu einer hinreichenden Antwort auf seine Frage ist aber ein ganz anderer: Er meint, dass eine notwendige (aber nicht hinreichende) Bedingung dafür, dass dieses Stück Papier Geld ist, die sei, dass es kollektiv für Geld gehalten wird.[134] Auf diese Weise beantwortet man aber gar nicht die Frage, was Geld ist, sondern nur die, welches konkrete Material bzw. welcher konkrete Körper in einer konkreten Gesellschaft als Geld gilt – ganz unabhängig davon, was es nun heißt, als *Geld* zu gelten. Searles Gegenpol zum Geld, also dasjenige, von dem seine »Definition von Geld«[135] sich absetzt, ist das *Falschgeld*, also das betrügerisch hergestellte »Geld«. Der Gegenpol zum simmelschen Geld ist aber etwa die marxsche Geldware, Geld, das als Wertaufbewahrungsmittel »missbraucht« wird, weil es in dieser Rolle nicht dem »reinen Begriff« des Geldes (als in sich wertlosen Zeichens) entspreche. Das »Falschgeld« bei Heinsohn und Steiger entsteht durch eine keynesianisch motivierte Notenbank, die Geld emittiert, ohne auf »gute Sicherheiten« Wert zu legen. Diesen Autoren geht es also tatsächlich häufig darum, was echtes Geld von uneigentlichem Geld unterscheidet. Es geht ihnen aber niemals darum, was echtes Geld von (betrügerischem) Falschgeld unterscheidet. Searle nun geht es ausschließlich um Letzteres.

Zum einen kann man daher sagen, dass Searles Fragestellung einfach eine andere ist, deren Antwort mehr eine Ergänzung als eine Konkurrenz zu den vorgestellten Geldtheorien darstellt. Searle scheint viel grundsätzlicher einzusetzen, nämlich Fragen beantworten zu wollen, die nicht *spezifisch* Geld betreffen, sondern gesellschaftliche Entitäten als solche, etwa auch außerökonomische wie Ehen und Regierungen.[136] Hierzu braucht er seine »drei Bausteine« – kollektive Intentionalität (»wir beabsichtigen ...«), Funktionszuschreibungen und konstitutive Regeln (z.B. Schachregeln).[137] Der resultierende Slogan »X gilt als Z in Y« ist dann aber indifferent gegenüber den hier getroffenen Unterscheidungen. Er bedeutet einfach unspezifisch, dass dieses Stück Papier in Euro-Land als Geld gilt, und nicht spezifisch, dass dieses Stück Papier in Euro-Land ein Wertzeichen, eine Geldware oder ein Anrecht auf Gläubigereigentum ist.

Andererseits bezieht Searle aber durchaus Stellung als Geldtheoretiker, legt er doch zumindest nahe, dass durch die Abgrenzung vom Falschgeld die Frage beantwortet werden könne, was Geld als Geld ist. Diesbezüglich relevant ist sein Vergleich mit einem Schutzwall[138,] der früher als physische Grenze Eindringlingen ein Hindernis war. Heutzutage ist an seine Stelle eine kaum noch sichtbare Linie aus Kieselsteinen getreten, die physisch ihre Funktion nicht mehr erfüllen könnte. Dennoch wirkt sie als Grenze wie zuvor; sie hat eine gesellschaftliche *Statusfunktion*. Analog verhalte es sich mit dem Geld: Geld war tatsächlich einmal aus Gold, später immerhin noch goldgedeckt, bis »ein genialer Mensch« auf die Idee gekommen sei, einfach Geld zu drucken, aus dem Nichts.[139] Man hat den Eindruck, damit wäre zumindest die marxsche Auffassung des Geldes als einer (besonderen) Ware widerlegt. Das aber ist Unsinn: Dass Geld »ein reiner Fall von Statusfunktion« sei[140], bedeutet zunächst nur die allseits geteilte Selbstverständlichkeit, dass Geld keinen physischen Gebrauchswert hat – dagegen steht nur Onkel Dagobert.

Geldtheoretisch Stellung bezöge Searle aber nur dann, wenn er etwas dazu sagte, ob Geld selbst einen Wert hat oder Werte nur repräsentiert. Hat es oder hat es nicht? Searle schreibt: »Der Schein hat als Ware keinen Wert, und er hat als Vertrag [Golddeckung] keinen Wert; er ist ein reiner Fall von Statusfunktion.«[141] Das erinnert an Simmel: Geld ist ein bloßes Zeichen, nur Ausdruck realer (Waren-) Werte, intrinsisch wertlos. Searle wäre Nominalist, würde die Neutralität des Geldes vertreten und der Zentralbank empfehlen, nur auf sogenannte Geldwertstabilität zu achten und keine Konjunktursteuerung betreiben zu wollen.

Unmittelbar anschließend aber zitiert er zustimmend den bekannten Aufdruck auf Banknoten: Fortschrittliche Zentralbanken hätten sich längst von der »Heuchelei« der Deckung verabschiedet, und so *gelte* etwa den USA ein Schein »einfach *als* Geld«, nämlich – wie der Aufdruck sagt – als »gesetzliches Zahlungsmittel für alle öffentlichen und privaten Schulden«[142].

Searle ist damit zum Keynesianer mutiert: Denn nun ist Geld ein *Schuldentilgungsmittel*, etwas, dem begrifflich wie sachlich der geldschaffende Kredit, ein Gläubiger-Schuldner-Kontrakt, vorausgeht. Geld hat jetzt also doch einen Wert – nicht den physischen des Goldes zwar, auch nicht die marxsche abstrakte Arbeit, die wie in jeder (anderen) Ware auch direkt als Geldform aufträte, aber doch einen eigentümlichen, nur dem Geld zukommenden Wert, die keynessche *Liquiditätsprämie*.[143] Folglich ist Geld doch nicht wirtschaftlich neutral, und Searle müsste seiner Zentralbank empfehlen, durch Variation von Zins und Geldmenge die Konjunktur zu steuern. Und dies auf die Gefahr hin, durch *unbesichertes* Gelddrucken die nächste Blase zu erzeugen.

Philosophisches Grundwissen über Geld zu vermitteln, das sich solche Unterschiede nicht entgehen lässt, war Ziel dieses Buches.

Anmerkungen

1 Im Gegensatz dazu sind Begriffe wie »Atom« oder »Zelle« keine Grundbegriffe und daher in aller Regel auch nur von einzelwissenschaftlichem Interesse.

2 Hume, 1988, 205.

3 Vgl. dazu Müller, 2012, 94 f.

4 Zu den hier relevanten allgemein-wissenschaftstheoretischen Problemen wie der »Theorienabhängigkeit der Beobachtung« vgl. Bailer-Jones/Friebe, 2009, insb. Kap. 3.

5 Man kann einwenden, dass heutzutage auf einer großen Internet-Plattform eine Tauschbörse aller Waren eingerichtet werden könnte, ohne dass Geld die Transaktionskosten senken müsste. Insofern brauchte man Geld zu *diesem* Zwecke vielleicht nicht mehr.

6 Zur *Klassik* zählt demgegenüber die Arbeitswertlehre, vertreten u.a. von Smith, Ricardo und Marx. Sie wird hier aus systematischen Gründen erst im 2. Kapitel behandelt.

7 Keynes entwickelte 1936 als Reaktion auf die Weltwirtschaftskrise von 1929 eine Konkurrenztheorie zur Neoklassik, die vor allem in den 1970er-Jahren die Grundlage für den wirtschaftspolitischen Keynesianismus bildete. Vgl. hier Kapitel 3, insb. das erste Unterkapitel.

8 Vgl. Simmel, 1989, 10.

9 Simmel, 1989, 121.

10 Simmel, 1989, 23.

11 Vgl. Simmel, 1989, 29.

12 Simmel, 1989, 25.

13 Die Unterscheidung findet sich bereits bei Aristoteles, doch knüpfte er den Tauschwert *normativ* an den Gebrauchswert.

14 Simmel, 1989, 34.

15 Vgl. Simmel, 1989, 60.

16 Vgl. Simmel, 1989, 59.

17 Simmel, 1989, 52/53.

18 Simmel, 1989, 56.

19 Vgl. Simmel, 1989, 66 f. Plausibler erscheint, dies nur für besondere Eigenschaften wie etwa der Orientierung inkongruenter Gegenstücke zu behaupten. Das Beispiel von der rechten und der linken Hand als inkongruenten Gegenstücken ist in der Philosophie berühmt, seit Kant damit die »transzendentale Idealität« des Raumes zu begründen versuchte.

20 Simmel, 1989, 67.

21 Vgl. Simmel, 1989, 71.

22 Simmel, 1989, 73 f.

23 Vgl. Simmel, 1989, 77.

24 Dass er keine natürliche, physische Eigenschaft ist, wurde bereits deutlich.

25 Vgl. Simmel, 1989, 92.

26 Vgl. auch Mauss, 1990.

27 Vgl. Simmel, 1989, 10.

28 Simmel, 1989, 121.

29 Simmel, 1989, 121 f.

30 Subjektive Wertlehre, relative Wertlehre und nominalistische Geldauffassung bilden also das neoklassische Bündel.

31 Solange wir Simmel behandeln, muss zwischen »Produkt« und »Ware« nicht unterschieden werden. Bereits bei Marx besteht dazwischen aber ein entscheidender Unterschied.

32 Vgl. Wittgenstein, PU, § 50.

33 Simmel, 1989, 144.

34 Simmel, 1989, 146.

35 Vgl. Simmel, 1989, 147.

36 Vgl. Simmel, 1989, 125.

37 Simmel, 1989, 126. »Normierend« ist hier irreführend, da nicht gemeint sein kann, dass Geld den Waren ihre Werte *vorschreibt*; die werden ja vielmehr nur *repräsentiert*.

38 Riese, 2000, 97.

39 Simmel, 1989, 133.

40 Simmel, 1989, 138.

41 Man beachte, dass es nach keynesianischer Auffassung nicht einmal so ist, dass Variationen der Geldmenge automatisch auf die Preise durchschlagen.

42 Vgl. Simmel, 1989, 131.

43 Mill, 1965, 571.

44 Die tauschtheoretische Unmöglichkeit der Krise besagt auch das *Saysche Theorem*, dem zufolge sich jedes Angebot seine Nachfrage selbst schafft.

45 Vgl. Heinsohn/Steiger, 2011, 391 ff.

46 Vgl. Heinsohn/Steiger 2011, 403.

47 Es ist klar, dass Deflation inzwischen auch von Neoklassikern als schlecht angesehen wird. Wie dies im Einzelnen begründet wird, führt hier zu sehr ins Detail.

48 Vielleicht liegt der Fehler der Neoklassik auch darin, dass sie sich ein zu einfaches Bild von den für die Entstehung von Krisen relevanten außerökonomischen Einflussgrößen macht. Die reichere Werttheorie Simmels könnte gerade das benötigte Korrektiv darstellen. Dies gibt mir Boris Brandhoff (Bonn) zu bedenken.

49 Vgl. Petersen/Faber, 2013.

50 Zu einer solchen marxistischen Kritik, die im »Irrationalismus« der Ware bzw. Warenproduktion als solcher – also ganz unabhängig von quantitativen Analysen und der damit verbundenen These der »Ausbeutung« des Arbeiters bei der Mehrwertproduktion – die Überwindung des Kapitalismus begründet, vgl. Backhaus, 1997.

51 Merkwürdigerweise findet eine Auseinandersetzung mit Keynes gerade bei den Hegelianern unter den Marx-Kennern nicht statt; nicht eine Erwähnung bei Backhaus, 1997, und Petersen/Faber, 2013.

52 Vgl. Kurz, 2000, 273 ff.

53 Die erste Auflage des *Kapitals* (die sog. Urfassung) erschien 1867. Im Folgenden wird aus der 4. Auflage zitiert (1890; MEW 23). Über die Veröffentlichungsgeschichte des marxschen Werkes informiert in extenso Backhaus, 1997.

54 Marx, MEW 23, 50.

55 Vgl. Postone, 2003, 203.

56 Indem er dafür argumentiert hat, dass auf der Basis subjektiver Wertungen ein objektiver ökonomischer Wert nur entstehen kann, wenn man tauscht. Er ist daher wesentlich relativer Tauschwert.

57 Simmel, 1989, 146.

58 MEW 23, 51.

59 MEW 23, 52.

60 MEW 23, 51.

61 MEW 23, 51.

62 MEW 23, 51. Vorsicht: Sie kann auch keine andere, *zusätzliche* Eigenschaft sein, wie im Folgenden noch deutlich wird.

63 Vgl. zum Folgenden Petersen/Faber, 2003, 74 f., und bereits Backhaus, 1997 [Originalaufsatz: 1970], 44.

64 Vgl. Marx, MEW 23, 53: »Der Fortgang der Untersuchung wird uns zurückführen zum Tauschwert als der notwendigen Ausdrucksweise oder Erscheinungsform des Werts, welcher zunächst jedoch unabhängig von dieser Form zu betrachten ist.«

65 MEW 23, 55.

66 MEW 23, 63. Vorsicht: Marx meint *nicht*, dass man aus 20 Ellen Leinwand einen Rock herstellen kann. Ebenso gut hätte das Beispiel auch »20 Ellen Leinwand sind eine Kuh wert« lauten können.

67 MEW 23, 63.

68 Vgl. die Marx-Kritik in Becker, 1972, insbesondere Kap. II, »Wertgleichung und dialektische Warendefinition im ›Kapital‹«, 37 ff. Analog, aber zustimmend, interpretiert Backhaus, 1997, die »Dialektik der Wertform«.

69 Darüber hinaus müsste man noch eine Erklärung dafür haben, warum zur Bestimmung der Wertgröße überhaupt der Umweg über den Tausch nötig ist: Warum bestimmt man die benötigte Arbeitszeit nicht direkt?

70 Vgl. MEW 23, 52.

71 Ausführliche Erläuterungen zu diesem Begriff finden sich zum Beispiel in Postone, 2003, 195 ff.

72 MEW 23, 59.

73 MEW 23, 98 Fn.

74 Vgl. MEW 23, 63.

75 So jedenfalls, kritisierend, Becker, 1972, und, zustimmend, Backhaus, 1997. Ein »Fetisch« ist das Tauschverhältnis der Waren deshalb, weil es »ver-rückt« im Sinne von »verstellt« oder »verkehrt« ist. Ein gesellschaftliches Verhältnis (der Wert) erscheint als dingliches, das heißt als ein Verhältnis zwischen physischen Gegenständen (Tauschwert).

76 Weshalb ja Leute wie Simmel auf den Gedanken kommen können, der Tauschwert sei der Wert, der also erst im Tausch entstehe.

77 MEW 23, 75 f. Zwischen Gebrauchswert und Wert besteht ein »Gegensatz«, da der Gebrauchswert physisch-konkret, der Wert aber gesellschaftlich-allgemein ist. Die Ware ist daher ein »sinnlich übersinnliches Ding« (MEW 23, 86). Darauf wird im nächsten Abschnitt näher eingegangen.

78 Vgl., in diesem Sinne, Becker, 1972, 100; und Petersen/Faber, 2013, 78.

79 Vgl. MEW 23, 70 ff.

80 Vgl. MEW 23, 71.

81 MEW 23, 101.

82 An dieser Stelle ist ein normal-logischer Widerspruch gemeint, der im Unterschied zum dialektisch-logischen auch nach Hegel/ Marx darauf schließen lässt, dass es das Gemeinte nicht gibt.

83 MEW 23, 101.

84 MEW 23, 62.

85 Vgl. Petersen/Faber, 2013, 84: »Denn in Wahrheit ist es andererseits die komplexere Denkbestimmung [die Geldwirtschaft], die es erst ermöglicht, die einfache [den Warentausch] angemessen zu denken.« Vollendet hegelianisch formuliert Backhaus, 1997, 53: »[D]ie Ware [ist] sie selbst [als Gebrauchswert] und zugleich [als Wert] ihr Anderes: Geld [von dem sie also abhängig ist?]. Sie ist also Identität von Identität und Nichtidentität. Die Ware ist dem Geld wesensgleich und doch zugleich von ihm unterschieden [›Verdopplung‹].«

86 MEW 25, 350.

87 Mit Bezug auf Graeber, 2012, der popularisierten Auffassung, dass Geld »seinen Ursprung nicht in symmetrischen Tauschverhältnissen, sondern vielmehr in asymmetrischen Schuldverhältnissen« habe, behaupten Petersen/Faber (allerdings ohne Beleg), dass auch Marx der Überzeugung gewesen wäre, »dass wir erst in der Kreditfunktion erkennen, was Geld wirklich ist« (Petersen/ Faber, 2013, 89/91).

88 MEW 25, 350 ff.

89 Entsprechend ändert die Zinshöhe auch nichts am Warenpreis, vgl. MEW 25, 358.

90 MEW 25, 383.

91 MEW 25, 383.

92 Die Wertgröße des Geldes wird aber tatsächlich durch die Ar-

beitszeit bestimmt. Diese hätte gar keine Wertform, erschiene sie nicht als Geld: »Geld als Wertmaß ist notwendige Erscheinungsform des immanenten Wertmaßes der Waren, der Arbeitszeit« (MEW 23, 109).

93 MEW 23, 189.

94 MEW 25, 260.

95 Vgl. die ausführliche Kritik in Petersen/Faber, 2013, 129 ff., sowie die dort angegebene Literatur. Irritierend ist, dass sie sich vor allem auf Analysen der 1970- und 1980er-Jahre stützen (Roemer; Elster), obwohl doch gerade die heutige Technologie Marx zu stützen scheint.

96 Für »aktuell und taufrisch« hält insbesondere Robert Kurz diese marxsche Krisentheorie, vgl. Kurz, 2000, 275.

97 Vgl. MEW 23, 202.

98 Vgl. MEW 23, 182. Dies gilt jedenfalls für die antike Sklavengesellschaft. *Im Kapitalismus* konnten sich freilich Plantagenbesitzer durch Sklaverei einen *ungerechten* Vorteil verschaffen.

99 Man akzeptiere die Metaphorik, da man Arbeitskraft sicher nicht so produzieren kann wie etwa einen Tisch.

100 MEW 23, 208.

101 Vgl. MEW 25, 352.

102 Marx, MEW 25, 391.

103 Vgl. MEW 25, 358.

104 Vgl. MEW 25, Kap. 13–15.

105 Es ist unstrittig, dass die neoklassische Gleichgewichtstheorie in ihrer quantitativen Preistheorie erfolgreicher ist als jede andere hier diskutierte Wirtschaftstheorie. Zu den spezifischen Problemen der Arbeitswertlehre und den daraus folgenden Konsequenzen für das Gesetz vom »tendenziellen Fall der Profitrate« vgl. wiederum Petersen/Faber, 2013, 129 ff.

106 Vorübergehende Krisen halten den langfristigen Fall der Profitrate deshalb auf, weil danach ja erst einmal wieder ein Aufschwung folgt, wo verlorenes Terrain zurückgewonnen wird. Insofern sind nach Marx periodische Depressionen für den Kapitalismus nützlich.

107 Bei Marx kommen sie, wie gesehen, durch die Produktion und dort durch die gegenläufigen Tendenzen von Produktivität und Mehrwertproduktion über Arbeit zustande.

108 Vgl. Simmel, 1989, 121.

109 Zins ist »materiell«, insofern er ausgegeben wird, unmittelbar dem Konsum dient.

110 Man beachte, dass der Wirtschaftskrise Japans – ähnlich wie der Finanzkrise in USA/Europa (2007 ff.) – ein Immobilienboom vorausging und Eigentum dann massiv an Wert verlor.

111 Vorsicht bei Verkauf und Vollstreckung: In solchen Fällen wechselt auch der Besitzer.

112 Locke, 2007, § 27, S. 30.

113 Vgl. dazu Heinsohn/Steiger, 2011, 101. Dies gilt im Wesentlichen auch für Kant, Hegel, Kritische Theorie, Rawls und Nozick, wie der Sammelband zu philosophischen Positionen des Eigentums, hrsg. v. Eckl/Ludwig, 2005, bezeugt.

114 Rousseau, 1993, 173.

115 Man beachte aber, dass ein Eigentümer nach Heinsohn/Steiger ein Gegenüber braucht, einen anderen Eigentümer nämlich, der die jeweils andere Rolle (Gläubiger oder Schuldner) spielt. Im Sinne von Marx sind Eigentümer daher wie dessen Warenbesitzer als *Privat*personen anzusehen (auch wenn es Staaten sind). In der kommunistischen Weltgesellschaft gibt es dann zwingend nur gemeinschaftlichen Besitz, weil sich niemand mehr »gegenübertritt«.

116 Vgl. analog Heinsohn/Steiger, 2006, 200.

117 Immer vorausgesetzt, die Besitzseite reicht nicht zur Subsistenz.

118 Heinsohn/Steiger nennen die Aktivierung des Schuldnereigentums »verpfänden« (und nur die des Gläubigers »belasten«). Es ist aber nicht gemeint, dass der Schuldner sein Eigentum in ein Pfandhaus bringt; vielmehr kann er die Besitzseite unangetastet nutzen, solange nicht vollstreckt werden muss.

119 Vgl. Heinsohn/Steiger, 2011, 193.

120 Wohlgemerkt: Die Eigentumsdeckung ist nicht zu verwechseln mit der alten Golddeckung, als quasi jederzeit Gold gegen Geld hätte eingefordert werden können. Gegen das Eigentum des geldschaffenden Gläubigers (der Zentralbank) kann (und wird) dagegen Geld nur in der Extremsituation »präsentiert« werden, wenn ihre Schuldner (die Geschäftsbanken) zahlungsunfähig *und* ihre gestellten Sicherheiten wertlos sind.

121 Zur Sicherung der Geldemission moderner Zentralbanken vgl. Heinsohn/Steiger, 2011, 286 ff., sowie die Diskussion in Heinsohn/Steiger, 2006, 69 ff.

122 Gemeint sind hier Nichtbanken in Unternehmerfunktion. Insofern Privatleute wie Unternehmen aber Geld auf Konten halten, treten Nichtbanken auch als Gläubiger der Geschäftsbanken auf.

123 Allerdings kann (darf) der Lohnarbeiter das »Eigentum an sich selbst« nicht dauerhaft verlieren, sodass er es auch nicht verpfänden kann; vgl. Heinsohn/Steiger, 2006, 180. Er ist also im Rahmen einer voll ausgebildeten Eigentumsgesellschaft nur ein eingeschränkter Eigentümer, nämlich jemand, der »frei« von *verschuldungsfähigem* Eigentum ist.

124 Abzüglich der Materialkosten, versteht sich.

125 Vgl. Heinsohn/Steiger, 2011, 60 f.

126 Vgl. Heinsohn/Steiger, 2011, insb. 438.

127 Vgl. Heinsohn/Steiger, 2011, 181, Fn. 166.

128 Eine engagierte Anwendung dieser Grundidee auf die Dauerkrise in Entwicklungsländern bietet De Soto, 2000.

129 Aus der Rezeption um ihre Eigentumsökonomik ist insbesondere eine Debatte darüber entstanden, ob Zentralbanken in ihrer eigenen Währung zahlungsunfähig werden oder »unbegrenzt« Geld drucken können (vgl. Heinsohn/Steiger, 2006, 78 f.). Dies zeigt zumindest, wie komplex Zentralbank-Theorie sein kann.

130 Heinsohn/Steiger, 2006, 193 f.

131 Einen Überblick zu Searles umfangreichem Werk geben Kober/Michel, 2011.

132 Im Folgenden wird aus einer etwas späteren Arbeit zitiert, in der Searle seine verschiedenen Themen zusammenführt (dt.: Searle, 2004).

133 Searle, 2004, 135.

134 Vgl. Searle, 2004, 135.

135 Searle, 2004, 137.

136 Allerdings geht es auch Simmel darum, Gesellschaftliches *prinzipiell* über den Tausch zu konstituieren. Und es gibt durchaus Spannungen zwischen Searle und den besprochenen Autoren: Marx beispielsweise sieht Gesellschaftliches auch dort am

Werke, wo der Wert am Bewusstsein der Akteure vorbei
»agiert«. Solche Unterschiede zu diskutieren, sprengt hier jedoch den Rahmen.

137 Vgl. Searle, 2004, 141 ff.

138 Vgl. Searle, 2004, 149 ff.

139 Vgl. Searle, 2004, 153.

140 Searle, 2004, 153.

141 Searle, 2004, 153.

142 Searle, 2004, 154.

143 Entsprechend verstecken sich in der searleschen »Funktions-
zuschreibung« die drei Rollen, die man einfach in jedem Lehrbuch der Volkswirtschaftslehre finden kann, die aber nicht kon-
sistent zueinander passen: Wertmaß, Tauschmittel, Wertaufbewahrungsmittel.

Zitierte Literatur

Backhaus, Hans-Georg, 1997, *Dialektik der Wertform. Untersuchungen zur Marxschen Ökonomiekritik*, Freiburg/Br.

Bailer-Jones, Daniela / Friebe, Cord, 2009, *Thomas Kuhn* (Reihe: *nachGedacht*), Paderborn.

Becker, Werner, 1972, *Kritik der Marxschen Wertlehre. Die methodische Irrationalität der ökonomischen Basistheorien des Kapitals*, Hamburg.

De Soto, Hernando, 2000, *The Mystery of Capital: Why Capitalism Triumphs in the West and Fails Everywhere Else*, New York.

Eckl, Andreas / Ludwig, Bernd, 2005, *Was ist Eigentum? Philosophische Eigentumstheorien von Platon bis Habermas*, München.

Graeber, David, 2012, *Schulden. Die ersten 5000 Jahre*, Stuttgart. [Engl. Original: 2011]

Heinsohn, Gunnar / Steiger, Otto, 2006, *Eigentumsökonomik*, Marburg.

Heinsohn, Gunnar / Steiger, Otto, 2011, *Eigentum, Zins und Geld. Ungelöste Rätsel der Wirtschaftswissenschaft*, Marburg. [1. Auflage: 1996]

Hume, David, 1988, *Politische und ökonomische Essays*, Teilband 2, übers. v. S. Fischer, hrsg. v. U. Bermbach, Hamburg. [Engl. Original: 1741/42]

Keynes, John Maynard, 2012, T*he General Theory of Employment, Interest and Money*, in: *The Collected Writings of John Maynard Keynes*, Bd. VII, hrsg. v. E. Johnson / D. Moggridge, Cambridge. [Original: 1936]

Kober, Michael / Michel, Jan G., 2011, *John Searle* (Reihe: *nachGedacht*), Paderborn.

Kurz, Robert, 2000, *Marx lesen: Die wichtigsten Texte von Karl Marx für das 21. Jahrhundert*, Frankfurt/M.

Locke, John, 2007, *Zweite Abhandlung über die Regierung*, übers. v. H. J. Hoffmann, Kommentar v. L. Siep, Frankfurt/M. [Engl. Original: 1690]

Marx, Karl, 1962, *Das Kapital. Kritik der politischen Ökonomie*, Erster

Band, in: *Marx-Engels-Werke*, Bd. 23, Berlin. [Original: 4. Auflage v. 1890] Zitiert als: MEW 23.

Marx, Karl, 1964, *Das Kapital. Kritik der politischen Ökonomie*, Dritter Band (hrsg. v. F. Engels), in: *Marx-Engels-Werke*, Bd. 25, Berlin. [Original: 1894] Zitiert als: MEW 25.

Mauss, Marcel, 1990, *Die Gabe. Form und Funktion des Austauschs in archaischen Gesellschaften*, Frankfurt. [Franz. Original: 1923/24]

Mill, John Stuart, 1965, *Principles of Political Economy: with Some of Their Applications to Social Philosophy*, in: *Collected Works of John Stuart Mill*, Bd. III, Toronto/Buffalo. [Original: 1848]

Müller, Olaf L., 2012, »Chronik eines angekündigten Ausstiegs. Warum wir es wagen sollten, über ein Ende des Euro zumindest einmal nachzudenken«, in: GEO (Juni), 94 f.

Petersen, Thomas / Faber, Malte, 2013, *Karl Marx und die Philosophie der Wirtschaft. Bestandsaufnahme – Überprüfung – Neubewertung*, Freiburg/Br.

Postone, Moishe, 2003, *Zeit, Arbeit und gesellschaftliche Herrschaft. Eine neue Interpretation der kritischen Theorie von Marx*, übers. v. M. Dahlmann et al., Freiburg/Br. [Engl. Original: 1993]

Riese, Hajo, 2000, »Georg Simmel und die Nationalökonomie. Anmerkungen zur Renaissance seiner ›Philosophie des Geldes‹«, in: Backhaus, J.G. / Stadermann, H.-J. (Hrsg.), *Georg Simmels Philosophie des Geldes. Einhundert Jahre danach*, Marburg.

Rousseau, Jean-Jacques, 1993, *Diskurs über die Ungleichheit – Discours sur l'inégalité*, übers. u. hrsg. v. H. Meier, Paderborn. [Franz. Original: 1755]

Searle, John R., 2004, *Geist, Sprache und Gesellschaft. Philosophie in der wirklichen Welt*, Frankfurt/M. [Engl. Original: 1997]

Simmel, Georg, 1989, *Philosophie des Geldes*, in: *Gesamtausgabe*, Bd. 6, hrsg. v. O. Rammstedt, Frankfurt/M. [1. Auflage: 1900]

Wittgenstein, Ludwig, 1995, *Philosophische Untersuchungen* (PU), in: *Wittgenstein-Werkausgabe*, Bd. 1, Frankfurt/M. [Original: 1953 (posthum)]

Kommentierte Bibliografie

Aßländer, Michael S., 2013, *Wirtschaft* (Reihe: *Grundthemen Philosophie*), Berlin. – Ein philosophisches Einführungsbuch in die Theoriegeschichte der ökonomischen Theoriebildung. Behandelt das Thema »Philosophie der Wirtschaft« historisch wie systematisch in breiter Perspektive.

Backhaus, Hans-Georg, 1997, *Dialektik der Wertform. Untersuchungen zur Marxschen Ökonomiekritik*, Freiburg/Br. – Eine Sammlung von Aufsätzen des Autors seit den frühen 1970er-Jahren. Er gilt als Mitbegründer der »Neuen Marx-Lektüre« und verteidigt die hegelianisch-dialektische Wertformanalyse, damit die prinzipielle Kritik an der warenproduzierenden Gesellschaft.

Backhaus, Jürgen G. / Stadermann, Hans-Joachim (Hrsg.), 2000, *Georg Simmels Philosophie des Geldes. Einhundert Jahre danach*, Marburg. – Ein Sammelband zu Simmels Philosophie des Geldes aus wirtschafts- und sozialwissenschaftlicher Perspektive.

Becker, Werner, 1972, *Kritik der Marxschen Wertlehre. Die methodische Irrationalität der ökonomischen Basistheorien des Kapitals*, Hamburg. – Eine noch immer herausfordernde Kritik an der hegelianisch-dialektischen Methode der marxschen Wertlehre. Gegenposition zur »Neuen Marx-Lektüre«.

Betz, Karl / Roy, Tobias (Hrsg.), 1999, *Privateigentum und Geld. Kontroversen um den Ansatz von Heinsohn und Steiger*, Marburg. – Ein Sammelband mit kritischen Beiträgen zur Eigentumstheorie des Wirtschaftens. Enthält auch eine Analyse aus wissenschaftsphilosophischer Perspektive (von Carsten Köllmann).

De Soto, Hernando, 2000, *The Mystery of Capital: Why Capitalism Triumphs in the West and Fails Everywhere Else*, New York. – Der peruanische Ökonom analysiert die Probleme der Entwicklungsländer und argumentiert, dass nicht so sehr der Mangel an materiellen Ressourcen und Besitz, sondern vielmehr das Fehlen institutioneller Eigentumsrechte die Wirtschaftsentwicklung hemme. Man kann das Buch als weitere Anwendung der Eigentumsökonomik lesen.

Eckl, Andreas / Ludwig, Bernd, 2005, *Was ist Eigentum? Philosophische Eigentumstheorien von Platon bis Habermas*, München. – Ein Sammelband zur Geschichte philosophischer Theorien von Eigentum und Besitz, in dem allerdings die spezifisch-ökonomische Unterscheidung von Heinsohn/Steiger nicht zur Sprache kommt.

Graeber, David, 2012, *Schulden. Die ersten 5000 Jahre*, Stuttgart. [Engl. Original: 2011] – Populärwissenschaftliche Erzählung der Geschichte des Geldes. Graeber, ein Mitbegründer der Occupy-Bewegung, bricht mit dem Tauschparadigma und setzt dagegen die ewige Schuldenmacherei. Ohne eingehende Erörterung von »Risiko« und »Sicherheit« kommt dabei aber nur die Parole heraus, dass wir alle auf Pump leben würden.

Heinsohn, Gunnar / Steiger, Otto, 2006, *Eigentumsökonomik*, Marburg. – Eine pointierte Darstellung von *Eigentum, Zins und Geld*, die durchgehend durch eine Auseinandersetzung mit Kritik an der Eigentumstheorie des Wirtschaftens gekennzeichnet ist. Hierin auch ein ausführliches Debattenverzeichnis.

Issing, Otmar, 2011 (15. Auflage), *Einführung in die Geldtheorie*, München. – Ein Standard-Lehrbuch neoklassischer Geldtheorie vom ehemaligen Direktoriumsmitglied der EZB während der Euro-Einführung.

Kurz, Robert, 2000, *Marx lesen: Die wichtigsten Texte von Karl Marx für das 21. Jahrhundert*, Frankfurt/M. – Der Autor verteidigt die marxsche Krisentheorie, also insbesondere das Gesetz vom »tendenziellen Fall der Profitrate«, und empfiehlt eine weitere neue Marx-Lektüre, die einen »esoterischen« Marx gegenüber dem »Arbeiterbewegungsmarxismus« erkennen lasse. Das Buch enthält mit ausführlichen Einleitungskommentaren versehene Texte von Marx, die vorgeblich für diese Lesart sprechen.

Mauss, Marcel, 1990, *Die Gabe. Form und Funktion des Austauschs in archaischen Gesellschaften*, Frankfurt. [Franz. Original: 1923/24] – Ein soziologischer Klassiker im Geiste simmelscher (neoklassischer) Tauschtheorie, der also auf der These beruht, dass (prämonetärer) Tausch das Grundlegende ist, das auch in archaischen Gesellschaften am Werke ist.

Paul, Axel T., 2012, *Die Gesellschaft des Geldes. Entwurf einer monetären Theorie der Moderne*, Wiesbaden. [1. Auflage: 2004] – Der Autor entwickelt eine soziologische Theorie, der zufolge Geld wesentliches Medium der Vergesellschaftung ist. Ausführliche Diskussionen zu Simmel, Keynes, Luhmann und Heinsohn/ Steiger.

Petersen, Thomas / Faber, Malte, 2013, *Karl Marx und die Philosophie der Wirtschaft. Bestandsaufnahme – Überprüfung – Neubewertung*, Freiburg/Br. – Die aktuellste philosophische Untersuchung zur marxschen Analyse und Kritik der Ökonomie. Enthält sowohl eine historische Einordnung als auch einen Ausblick im Lichte der gegenwärtigen Finanzkrise. Plädiert für Hegel als Alternative zu Marx.

Piketty, Thomas, 2014, *Das Kapital im 21. Jahrhundert*, München. [Franz. Original: 2013.] – Eine datengesättigte Analyse aktueller (globaler) ökonomischer Ungleichheit. Keine Bestätigung Marxscher Zusammenbruchsphantasien, wohl aber Warnung vor der Gefährdung des sozialen Friedens und demokratischer Werte.

Roemer, John E., 1981, *Analytical Foundations of Marxian Economic Theory*, Cambridge. – Das herausragende Beispiel einer nichthegelianischen Marx-Deutung, das mit mathematischen Methoden auch die quantitativen Aspekte der marxschen Arbeitswertlehre behandelt. Insbesondere enthält es eine ausführliche Kritik an der Lehre vom »tendenziellen Fall der Profitrate«.

Türcke, Christoph, 2015, *Mehr! Philosophie des Geldes*, München. – Entwickelt eine Genealogie des Geldes als »Profanierungsgeschichte« mit sakralem Ursprung. Kann als Gegenentwurf sowohl zu Marx als auch zu Heinsohn/Steiger gelesen werden.

Schlüsselbegriffe

Abstrakte Arbeit Bei Marx der Gegenbegriff zu konkreter, physischer Arbeit. Konkrete Arbeit wie Schneiderei bildet den Gebrauchswert der Waren, und in dieser Hinsicht leisten die Produzenten in der Regel qualitativ verschiedene (»besondere«) Arbeit. Abstrakte Arbeit – Arbeit »schlechthin« bzw. »überhaupt« – dagegen ist immer qualitativ gleiche Arbeit, sie ist gesellschaftlich-allgemein und konstituiert in kapitalistischen Produktionsverhältnissen den ökonomischen Wert der Waren.

Arbeitskraft Die Fähigkeit, körperliche und/oder geistige Arbeit zu leisten. Sie ist nach Marx eine Ware, deren Tauschwert – bestimmt durch die zu ihrer (Wieder-)Herstellung benötigte Arbeitszeit – der »Kapitalist« bezahlt und deren Gebrauchswert – Arbeit zu leisten und also Wert zu erzeugen – der »Kapitalist« konsumiert.

Arbeitswertlehre Eine objektive Werttheorie, der zufolge der ökonomische Wert der Waren im Wesentlichen dadurch bestimmt ist, dass gearbeitet werden muss, um sie herzustellen. Vertreter sind Adam Smith und David Ricardo. Die marxsche Arbeitswertlehre ist eine besondere Variante, bei der »abstrakte Arbeit« einen absoluten Wert der Waren konstituiert, der im Tausch als relativer Wert erscheint.

Arbeitszeit Die Arbeitszeit bestimmt der Arbeitswertlehre zufolge die (absolute oder relative) Wertgröße der Waren, wobei nur die gesellschaftlich notwendige Arbeitszeit wertbildend relevant ist. Laut Marx nimmt im Kapitalismus die

Arbeitszeit nur Wertform an, wenn sie als Geldform auftritt, die Waren also preisbestimmt sind.

Belasten/Blockieren   Dies ist nach Heinsohn und Steiger die wesentliche Operation in der Eigentumsgesellschaft. Eigentum ökonomisch zu aktivieren, heißt, es zu belasten/ blockieren, das heißt, es in einem Gläubiger-Schuldner-Kontrakt als Sicherheit zu stellen. Aufseiten des Schuldners wird anstelle von »belasten« in der Regel »verpfänden« gesagt, was irreführend ist, da gerade nicht gemeint ist, sein Eigentum in ein Pfandhaus zu bringen. Die Besitzseite, also die physische Nutzung, bleibt bei Belastung vielmehr unberührt.

Besitz   Juristisch ist »Besitz« die faktische, physische Herrschaft über eine Sache. Nach Heinsohn und Steiger umfasst der Besitz aber auch alle Rechte zur physischen Nutzung. Der Gegenbegriff zu »Besitz« ist »Eigentum«, das nach Heinsohn und Steiger nur das Recht auf immaterielle Verfügung (etwa Belastung im Kreditvertrag) meint. In Aktiengesellschaften werden die Eigentümerrechte vom Aufsichtsrat vertreten, während der Vorstand die Besitzrechte wahrnimmt.

Deflation   Allgemeiner, nachhaltiger Rückgang des Preisniveaus, was nach Auffassung aller Geldtheorien durch Zinssenkung und Erhöhung der Geldmenge zu vermeiden ist. Denn eine Deflation wirkt in jedem Fall krisenverschärfend, da die Gewinnerwartungen allein deshalb sinken, weil heute erworbene Waren schon morgen weniger wert sind. Japan ist ein aktuell viel genanntes Beispiel, wo seit Jahren mit Nullzinspolitik gegen das »Deflationsgespenst« angekämpft wird.

Dialektik, hegelsche Argumentationsfigur, wonach Gegen-
sätze (*thesis* vs. *antithesis*) in einer integrierenden Einheit
(*synthesis*) »aufgehoben« werden. Bei Marx spielt die hegelsche Dialektik eine zentrale Rolle, so beim »Gegensatz von
Gebrauchswert und Wert« einer Ware und beim Verhältnis
von Ware und Geld. Die »Aufhebung« der warenproduzierenden Gesellschaft – also die Abschaffung des »Kapitalismus« – folgt nach hegelianischer Marx-Deutung quasi logisch aus der dialektischen Bewegung des Kapitals.

Eigentum Traditionell bedeutet »Eigentum« das Herr-
schaftsrecht über eine Sache. Nach Heinsohn und Steiger
kommt es aber ausschließlich darauf an, dass Eigentum ökonomisch aktiviert werden kann. Damit ist zunächst gerade
keine physische Nutzung gemeint, sondern die Belastung
bzw. Verpfändung im Gläubiger-Schuldner-Kontrakt. Charakteristisch ist zudem, dass in Eigentum vollstreckt wird,
wenn der Schuldner säumig ist. Demgegenüber irrelevant
ist, ob der Halter von Eigentum ein Privatbürger oder ein
Kollektiv ist.

Eigentumsprämie Die Eigentumsprämie ist der ursprünglich-objektive, eigentümliche ökonomische Wert des Wirtschaftens nach Heinsohn und Steiger. Besitz (etwa eine
Wohnung) wird durch einen Rechtsakt zu Eigentum, das
heißt, er erhält eine immaterielle Prämie, nämlich die Po-
tenz/Möglichkeit, in Kreditkontrakten belastet zu werden.
Bei Belastung geht die Eigentumsprämie (temporär) verloren und muss kompensiert werden, insbesondere durch den
Zins bzw. die Zinsforderung aufseiten des Gläubigers.

Gebrauchswert Der Gebrauchswert einer Ware bestimmt
ihren (meist: physischen) Nutzen. Er ist durch die physi-
schen/natürlichen Eigenschaften eines Produktes konsti-

tuiert und besteht unabhängig von der jeweiligen Gesellschaftsordnung. Ein Wintermantel etwa hat den Gebrauchswert, im Winter schön warm zu halten. Gegenbegriff ist »Tauschwert«.

Geldmenge   Gesamtbestand an Geld in einem Währungsraum. Damit ist nicht nur Bargeld gemeint, sondern auch andere Formen, die schnell in Bargeld verwandelt werden können (es gibt verschiedene Geldmengenkonzepte). Der Monopolist der Geldschöpfung (Zentralbank) kann sie variieren, und zwar über den Zins oder den Ankauf/Verkauf von Wertpapieren. Umstritten ist, welche Auswirkungen Geldmengenvariationen auf Warenproduktion und -tausch haben.

Gläubiger   Ein Gläubiger ist gewöhnlich jemand, der etwas (in der Regel: Geld) aus der Hand gibt, also von jemand anderem, dem Schuldner, eine Leistung verlangen kann (Zins und Tilgung). Eine besondere Rolle spielt der Gläubiger bei der Geldschaffung (Zentralbank), wo Geld direkt in die Hände des Schuldners emittiert wird. Nach Heinsohn und Steiger muss insbesondere ein solcher Gläubiger Eigentum haben und belasten.

Inflation   Allgemeine, nachhaltige Erhöhung des Preisniveaus. Nach allen Geldtheorien ist eine geringe Inflation für das Funktionieren einer Marktwirtschaft vonnöten. Umstritten ist, wie viel Inflation sein darf bzw. soll und wodurch sie hervorgerufen wird. Tendenziell sehen Neoklassiker in der Geldmengenerhöhung eine automatische Ursache für (zu starke) Inflation, während Keynesianer gerne darauf hinweisen, dass die Erhöhung der Produktivität und starre Löhne gegenläufige Faktoren sind.

Investition Verwendung finanzieller Mittel zum Zwecke der Gewinnerzielung. Insbesondere ist gemeint, Geld als Unternehmer-Kapital in die Produktion zu stecken, um zu expandieren bzw. Gewinne zu steigern. Sie ist zu unterscheiden vom Konsumieren, vom bloß werterhaltenen Sparen und vom Horten (Sparstrumpf).

Kapital Geld, das investiert wird.

Keynesianismus Wirtschaftspolitische Doktrin, dass über die Variation von Zinsrate und Geldmenge die Konjunktur gesteuert werden kann. Insbesondere sollen Krisen durch Zinssenkungen und Geldmengenerhöhungen vermieden bzw. überwunden werden. Dies setzt voraus, dass genuin Geld nachgefragt werden kann, dass Geld daher einen eigenen Wert hat und wirtschaftlich nicht neutral ist.

Klassik → »Arbeitswertlehre«.

Kredit(-kontrakt) Traditionell die Überlassung von Geld durch einen Gläubiger an einen Schuldner, verbunden mit einer Zinsforderung. Entscheidend ist die Frage, ob Kredit stets die Existenz von Geld voraussetzt (wie beim Geldverleih) oder ob nicht ursprünglich Geld auf Kredit beruht. Als Schuldentilgungsmittel (Keynes) oder Anrecht auf Gläubigereigentum (Heinsohn/Steiger) setzt Geld letztlich den geldschaffenden Kredit voraus.

Krise Eine Krise liegt definitorisch dann vor, wenn eine Volkswirtschaft in zwei aufeinanderfolgenden Quartalen ein negatives Wachstum ausweist. Kennzeichnend sind also fallende Gewinnerwartungen der Unternehmen und in der Folge der Anstieg von unfreiwilliger Arbeitslosigkeit. Umstritten ist, wodurch diese wesentlich charakterisiert sind:

Reduzierung des Faktors Arbeit durch Erhöhung der Produktivität (Marx), Anstieg der Liquiditätsprämie (Keynes) oder Anstieg der Eigentumsprämie (Heinsohn/Steiger).

Liquiditätsprämie   Die Liquiditätsprämie ist der ursprünglich-objektive, eigentümliche ökonomische Wert bei Keynes. Sie ist die immaterielle Eigenschaft des Geldes, nämlich die Potenz oder Möglichkeit, es auszugeben, zu investieren oder zu sparen. Ihre (temporäre) Aufgabe durch den Gläubiger eines Kreditkontraktes muss durch Zins kompensiert werden. Bei Heinsohn und Steiger kompensiert die Liquiditätsprämie ihrerseits die (temporär) verlorene Eigentumsprämie des Schuldners bei Kreditkontrakten.

Lohnarbeiter, freier   Der freie Lohnarbeiter ist zu unterscheiden vom Sklaven, der nach Marx selbst eine Ware ist und nach Heinsohn und Steiger ins Eigentum der Unternehmen übergeht. Der freie Lohnarbeiter dagegen ist ein besonderer Warenbesitzer (Marx) bzw. der einzige Akteur der Eigentumsgesellschaft, der ohne Zins und »gute Sicherheiten« an Geld herankommt (Heinsohn/Steiger).

Markt   → »Tausch«.

Mehrwert   Der Mehrwert ist der Profit oder Gewinn eines Unternehmens. Er wird nach Marx in der Produktion erzeugt und auf dem Markt realisiert. Der marxschen Arbeitswertlehre zufolge kann er nur über Arbeit erzeugt werden; er besteht in der Differenz zwischen dem Tauschwert, der bei Konsumtion des Gebrauchswerts der Ware Arbeitskraft geschaffen wird, und dem Tauschwert, den die Arbeitskraft selbst wert ist. Auf dieser Mehrwertlehre beruht die marxsche Krisentheorie, das Gesetz vom »tendenziellen Fall der Profitrate«.

Monetarismus Gegenentwurf zum Keynesianismus und eng verbunden mit der neoklassischen Wirtschaftslehre. Da Geld prinzipiell als wirtschaftlich neutral angesehen wird, hat eine Geldmengenvariation unmittelbar nur Auswirkungen auf die Preise (Inflation/Deflation), nicht aber auf die Konjunktur. Um Fehlentwicklungen der Preise zu vermeiden und also Krisen zu verhindern, sollen Zentralbanken nur auf die Geldwertstabilität achten.

Neoklassik Gegenentwurf zur klassischen Arbeitswertlehre. Ihr zufolge entsteht der ökonomische Wert der Waren erst im Tausch, wo er durch das Gleichgewicht von Angebot und Nachfrage bestimmt wird (»allgemeine Gleichgewichtstheorie«). Mit der Neoklassik verbunden ist die Neutralität des Geldes und damit die wirtschaftspolitische Absage an eine Konjunktursteuerung durch Geldmengenvariation. Simmels *Philosophie des Geldes* steht stellvertretend für diese Lehre.

Notenbank → »Zentralbank«.

Paradigma Ein Paradigma ist der Kern einer wissenschaftlichen Theorie; ein allgemeines Schema (zum Beispiel die newtonschen Axiome), das mustergültige (»paradigmatische«) Strategien des Problemlösens bestimmt. »Normalwissenschaftliche« Phasen sind nach dem Wissenschaftstheoretiker Thomas Kuhn durch die Herrschaft eines Paradigmas gekennzeichnet, das in »außerordentlicher Forschung« in eine Krise kommt und (gegebenenfalls) bei einer »Revolution« durch ein neues Paradigma abgelöst wird.

Preis Der durch Geld ausgedrückte Tauschwert der Waren.

Produktionsverhältnisse   Nach Marx allgemein die gesell-schaftlichen Beziehungen, in denen Menschen die Produktion und Konsumtion von Gütern regeln. Kapitalistische Produktionsverhältnisse sind einerseits durch den Privatbesitz an Produktionsmitteln (Rohstoffe, Maschinen), andererseits durch den produktionsmittellosen Besitzer der Ware Arbeitskraft charakterisiert. Recht und Unrecht ist nach Marx, was den Produktionsverhältnissen entspricht/widerspricht: So widerspricht die Sklaverei den kapitalistischen Produktionsverhältnissen, während die »Ausbeutung« des freien Lohnarbeiters den Gesetzen von Warenproduktion und -tausch entspricht.

Produktivität   Maß der Leistungsfähigkeit einer Volkswirtschaft, das Verhältnis der Menge an produzierten Gütern zu den Produktionsfaktoren. Von besonderem Interesse ist die Arbeitsproduktivität, die sich durch technischen Fortschritt erhöht, indem in derselben Zeit mehr Güter oder qualitativ bessere produziert werden können als zuvor. Umstritten ist, ob der Anstieg der Produktivität langfristig Arbeitsplätze kostet (»wegrationalisiert«).

Profitrate   → »Rentabilität«.

Quantitätstheorie   → »Neoklassik«.

Rentabilität (Profitrate)   Verhältnis zwischen Gewinn (Mehrwert) und eingesetztem Gesamtkapital. Intuitiv gilt, dass ein Unternehmen umso profitabler ist, je produktiver es ist. Nach Marx aber stehen Produktivität und Rentabilität langfristig in einem Gegensatz zueinander, da der Faktor Arbeit zu einem immer geringeren Teil des Gesamtkapitals werde, jedoch nur über ihn Mehrwert erzeugt werden könne (Gesetz vom »tendenziellen Fall der Profitrate«).

Schuldner   Der Schuldner ist der Vertragspartner des Gläubigers, von dem er etwas (meist: Geld) erhalten hat, sodass er einer Leistungsverpflichtung unterliegt (Zins und Tilgung). Er muss nach Heinsohn und Steiger Eigentum als Sicherheit stellen, in das bei Nichterfüllung seiner Pflichten vollstreckt werden kann. Die Belastung seines Eigentums, der (temporäre) Verlust seiner Eigentumsprämie, wird durch die Liquiditätsprämie des Geldes kompensiert. Die Zinsverpflichtung zwingt den Schuldner (Unternehmer) zur Mehrwertrealisierung.

Tausch   Der Tausch ist kein einfaches Nehmen und Geben zwischen zwei Privatpersonen. Es kommt vielmehr darauf an, dass ein hinreichend großer Markt besteht, auf dem sich objektive Tauschwerte ergeben. Die Debatte geht darum, ob ein solcher Tausch das Grundlegende ist, ob man mithin prinzipiell auch ohne Geld auskäme, oder ob Geld ein wesentliches Element des Markttausches ist.

Tauschmittel   Mittel, um den Warentausch zu erleichtern, in der Regel also Geld. Als bloßes Mittel ist Geld nicht automatisch selbst ein zu tauschendes Gut, das einen eigenen Wert hätte.

Tauschwert   Der Tauschwert einer Ware ist ihr ökonomischer Wert in Relation zu anderen Waren, wie er sich im Markttausch ergibt. Neoklassisch besteht der ökonomische Wert in nichts anderem als diesem relativen Tauschwert. Bei Geldgebrauch wird er zum Preis einer Ware. Nach Marx ist der Tauschwert bloß Erscheinungsform eines ihm zugrunde liegenden absoluten Werts, den eine Ware dadurch erhält, dass sich in ihr abstrakte Arbeit materialisiert.

Transaktionskosten Der Aufwand, den der Handel mit sich bringt: Transport, Einrichtung des Marktplatzes; alles, was Anbieter und Nachfragende zueinander führt. Eine wohl unstrittige Funktion des Geldes besteht darin, die (dann preisbestimmten) Transaktionskosten zu senken.

Vollstreckung Die Vollstreckung widerfährt einem Schuldner, der seinen Leistungsverpflichtungen gegenüber einem Gläubiger nicht nachkommt. Dabei geht – im Unterschied zur Belastung/Verpfändung – auch die Besitzseite des Eigentums verloren, und zwar dauerhaft.

Ware Eine Ware ist ein (meist: materielles) Wirtschaftsgut, ein Gegenstand des Handels. Bei Marx wird alles zur Ware, auch Arbeitskraft und Geld. Dies aber wiederum nur in kapitalistischen Produktionsverhältnissen; in anderen Gesellschaftsformen werden nach Marx keine Waren, sondern Produkte erzeugt. Einen Unterschied zwischen »Ware« und »Produkt« machen aber auch Heinsohn und Steiger: Nur in schuldengetriebener Produktion der Eigentumsgesellschaft werden Waren (Geldstellvertreter) produziert.

Wert, ökonomischer Dies ist der zentrale Begriff jeder Wirtschaftstheorie. Unstrittig ist, dass er objektiv und gesellschaftlich ist; umstritten alles andere: Ist er bloß ein relativer Tauschwert (Preis) oder etwas Absolutes? Hat Geld auch oder gar vorrangig (als Liquiditätsprämie) einen solchen Wert?

Wertaufbewahrungsmittel Eine Funktion des Geldes, die Geld anscheinend nur erfüllen kann, wenn es selbst wertvoll ist. Aufgrund dieser Eigenschaft wird Geld gespart oder gar gehortet.

Wertmaß   Eine weitere Funktion des Geldes. Wie das Urmeter in Paris ein Maß für Längen ist, soll Geld ein Maß
für den ökonomischen Wert der Waren sein. Ob ein Maß
für Werte selbst wertvoll sein muss, ist eine Frage, zu der
insbesondere Marx und Simmel gegensätzliche Antworten
geben.

Zentralbank (Notenbank)   Die Zentralbank ist im gegenwärtigen zweistufigen Bankensystem der Monopolist bei
der Geldschaffung eines Währungsraums. In Euro-Land ist
dies die EZB, in den USA die Fed. Debattiert wird, ob dieser
erste Gläubiger unbegrenzt Geld (in eigener Währung)
schaffen kann oder ob er tatsächlich ebenfalls ausreichend
Eigentum haben und belasten muss.

Zins   Das Entgelt, das ein Schuldner seinem Gläubiger für
temporär gewährten Kredit entrichten muss. Er entschädigt diesen also für einen temporären Verzicht auf Konsum
(Neoklassik) bzw. Geld (Marx; Keynes) oder auf Verfügung
über Eigentum (Heinsohn/Steiger). Zins ist Mittel für
Konsum, daher bei Keynes als die materialisierte Liquiditätsprämie und bei Heinsohn und Steiger als die materialisierte Eigentumsprämie ein wesentliches Ziel des Wirtschaftens.

Zeittafel

Vormoderne Geldtheorien

Bereits Aristoteles entwickelte eine frühe Geldtheorie, wonach Geld (*nomisma* von *nomos:* Gesetz) durch Rechtsakt Geltung hat. Doch grundsätzlich war Ökonomie in der Antike und im Mittelalter noch keine analysierende Wissenschaft, sondern stand im Dienste der Politik, der Gerechtigkeit oder der göttlichen Ordnung. Sie war daher Gegenstand der Praktischen Philosophie.

Vorindustrielle Neuzeit (ca. 1650–1770)

Mit der Aufklärung, neuen Eigentumsordnungen und dem Merkantilismus (*mercator:* Kaufmann) entwickelte sich die Ökonomie allmählich zu einer eigenständigen Wissenschaft. Eigentum und Geld treten entsprechend in den Fokus philosophischer Theoriebildung (John Locke, David Hume, Jean-Jacques Rousseau).

Klassische Nationalökonomie (ca. 1770–1870)

Mit der industriellen Revolution entstand die Arbeitswertlehre als erstes umfassendes Forschungsprogramm der wissenschaftlichen Ökonomie. Paradigmatisches Werk ist *Der Wohlstand der Nationen* von Adam Smith (1776; Stichwort: »unsichtbare Hand«, die rational-vorteilssuchende Individuen zu einem Pareto-optimalen Gleichgewicht führe). Weitere Vertreter sind David Ricardo (Lehrer von Marx), John Stuart Mill und Jean-Baptiste Say (»Saysches Theorem«, wonach jedes Angebot zugleich eine Nachfrage ist) – allesamt Verfechter des Liberalismus. Auch Marx zählt zur Klassik, da er seine Kritik der bürgerlichen Ökonomie auf Basis des Arbeitswertes führte.

Neoklassische Wirtschaftslehre (ca. 1870–1929)

Als Urheber gilt der französische Ökonom Léon Walras, der 1870 die »Allgemeine Gleichgewichtstheorie« entwickelte. Ihr zufolge bestimmt sich der Tauschwert der Waren nicht durch Arbeit, sondern allein durch Angebot und Nachfrage. In ihrem Sinne ist Simmels *Philosophie des Geldes* (1900) zu verstehen. Die Neoklassik geriet durch die weltweite Depression von 1929 in eine Krise.

Keynesianismus (ca. 1936–1980)

Als Reaktion auf die Weltwirtschaftskrise präsentierte John Maynard Keynes 1936 einen Gegenentwurf zur Neoklassik, in dem Geld als Schuldentilgungsmittel eine wesentlich neue Rolle spielt. Das auf seiner Theorie aufbauende Forschungsprogramm des Keynesianismus bestimmte vor allem in den 1970er-Jahren die Wirtschafts- und Finanzpolitik. Mehrheitlich wird behauptet, dass diese Politik seit Beginn der 1980er-Jahre an ihre Grenzen gestoßen ist.

Monetarismus (ca. 1955–1990)

Der Monetarismus ist eine Variante der Neoklassik, die insbesondere von Milton Friedman als Gegenströmung zum herrschenden Keynesianismus entwickelt wurde. Ihr zufolge soll Geldwertstabilität und nicht Konjunktursteuerung das Ziel der Zentralbankpolitik sein.

Neoliberalismus, *New Keynesian Economics*, Eigentumsökonomik (ca. seit 1990)

Als weitere, radikalere Variante der Neoklassik etablierte sich nach dem Zusammenbruch der kommunistischen Konkurrenz der Neoliberalismus (Stichworte: Deregulierung, angebotsorientierte Wirtschaftspolitik). Dagegen bildeten sich vereinzelt neue Varianten des Keynesianismus (Paul Samuelson, Joseph Stiglitz u. a.). 1996 präsentierten Heinsohn und Steiger die Eigentumsökonomik als systematisch neuen Ansatz, der seither an Bedeutung gewinnt.